Le Kenya

Photographies Christine et Michel Denis-Huot/Hoa Qui
sauf pages 14, 15, 18, 80, 81, 96, 97 Yann Arthus-Bertrand/Altitude
et pages 72, 73, 74, 75 Nicolas Granier/Hoa Qui

Directeur de collection
Michel Buntz Agence photographique Hoa Qui

Responsable éditoriale
Corinne Fossey

Illustrations et carte
Jean-Michel Kirsch

Grands Voyageurs

Le Kenya

Texte Jean Larivière
Photographies Christine et Michel Denis-Huot

Éditions du Chêne

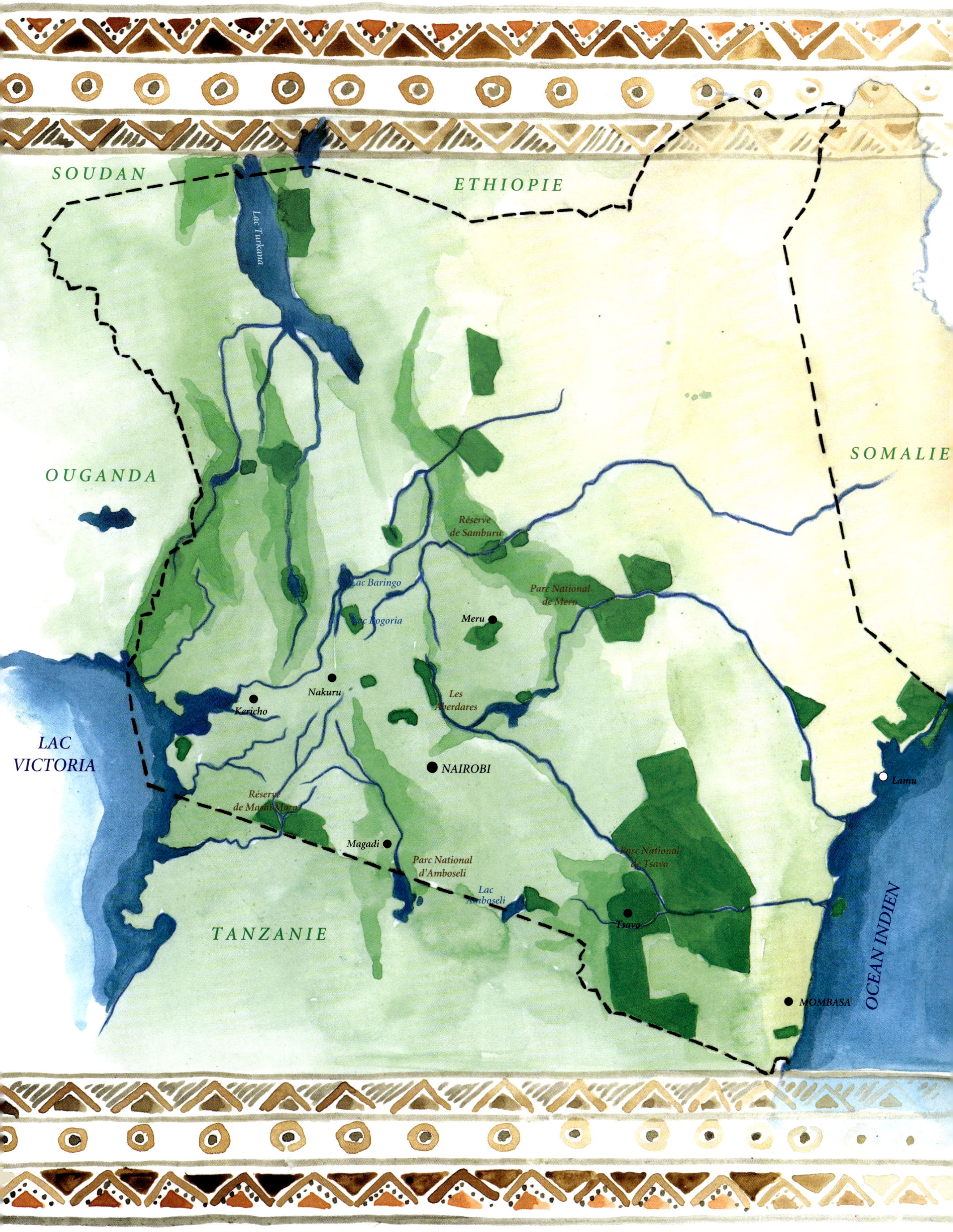
SOUDAN
ETHIOPIE
Lac Turkana
OUGANDA
SOMALIE
Réserve de Samburu
Lac Baringo
Lac Bogoria
Parc National de Meru
Meru
Nakuru
Kericho
Les Aberdares
LAC VICTORIA
NAIROBI
Lamu
Réserve de Masai Mara
Magadi
Parc National d'Amboseli
Lac Amboseli
Parc National de Tsavo
Tsavo
TANZANIE
OCEAN INDIEN
MOMBASA

Terre de contraste... C'est au sujet du Kenya que fut utilisée pour la première fois cette formule. Mais, par la suite, tant de voyageurs-conférenciers en abusèrent à tel point que nul n'ose plus l'employer. Pourtant elle évoque mieux que toute autre ce pays dans lequel la nature a choisi d'offrir le plus formidable résumé de l'Afrique éternelle, telle que se l'imaginent les petits enfants et, sans toujours se l'avouer, bon nombre de leurs parents.

Sur un territoire à peine plus grand que la France, il est possible de croiser, au petit matin, une caravane cheminant au pas lent des chameaux à travers les dunes, pour se retrouver en fin de matinée au cœur d'une forêt humide, pataugeant dans un bourbier gluant et, quelques heures plus tard, rouler dans les larges avenues commerçantes de la capitale, avant de s'arrêter, le soir, dans un confortable campement perdu au milieu d'une savane semée d'antilopes et d'éléphants.

D'autres itinéraires conduisent à des lacs si larges qu'il faut des jours pour en atteindre les rives opposées, des montagnes si hautes qu'elles sont couronnées de glaciers ou de neiges éternelles, des plaines si vastes qu'elles ne forment qu'une mince bande fauve sous le bleu d'un ciel immense, des plages de sable blanc dont les eaux sont si limpides qu'elles laissent apercevoir les récifs de coraux qui en tapissent le fond.

Quels que soient les parcours, les animaux sont toujours présents. Parfois, c'est un troupeau d'éléphants qui traverse la route et les automobilistes leur doivent une priorité absolue. En guise de salut, ou d'avertissement, la vieille femelle qui ouvre la marche agite sa trompe et bat des oreilles. Le reste de la troupe suit, en rang serré, encadrant les éléphanteaux qui, d'un naturel fantasque, sont souvent tentés de sortir du droit chemin. Les mâles solitaires sont plus imprévisibles. Ombrageux et volontiers agressifs ils n'hésitent pas à charger s'ils s'estiment dérangés. Leur énorme masse, lorsqu'elle se met en mouvement, provoque toujours un certain effet, même si ce n'est qu'une manœuvre d'intimidation.

Les rhinocéros sont également des compagnons de route dont il convient de se méfier. Passant pour myopes, ils sont taxés d'une rage aveugle qui les fait attaquer les véhicules. En réalité, ils ont une excellente vue mais un sens aigu de leur espace vital. Approchés de trop près, ils réagissent de la seule manière dont ils disposent en boutant l'intrus hors de leur voisinage. Une double corne prolongeant 4 tonnes de chair et d'os propulsées à 40 km/h, ne peuvent que provoquer quelques dégâts à une carrosserie, sinon à ses occupants, et mieux vaut garder ses distances.

Les buffles ne sont guère plus fréquentables et, à pied, il est conseillé de les éviter du plus loin. Dans le meilleur des cas, il est possible de déceler leur proximité à l'odeur, un parfum sucré caractéristique, légèrement musqué, moins désagréable qu'inquiétant. Ce qui les rend particulièrement dangereux est qu'ils sont non seulement rapides mais aussi rarement seuls. Cependant, un vieil atavisme les poussent généralement à s'écarter des importuns.

En revanche, les lions sont souvent décevants. Les rois de la savane se montrent généralement dans des postures peu dignes de leur majesté. Vautrés à l'ombre d'un buisson ou d'un arbre, rien ne semble pouvoir les tirer d'une sieste permanente. Quelquefois, par chance, ils se laissent surprendre à déambuler d'un pas lent, sans but apparent. Les lionnes sont un peu plus actives et surtout beaucoup plus attentives à ce qui les entoure. Tout aussi paisibles, seul leur regard trahit un éventuel intérêt. Il faut avoir été une fois fixé par ces yeux couleur d'or en fusion pour savoir ce qu'éprouvent leurs proies. Une subite acuité signifie très clairement que l'objet de leur attention est considéré comme un gibier potentiel. Et qu'il n'ait que deux pattes, plutôt que quatre, ne paraît guère les troubler. Même la personne la plus inexpérimentée est capable de comprendre immédiatement la signification d'un tel regard et il est fort probable que le souvenir d'un tel instant lui restera à tout jamais.

Les girafes sont également parmi les hôtes les plus populaires de la savane mais aussi de ceux dont il convient de se méfier. Comme si, du haut de leur long cou, les hommes leur paraissaient d'autant plus petits, leur approche ne les effarouche pas assez pour qu'elles cessent de brouter le tendre feuillage du sommet

Pages suivantes :
Troupeau d'impalas à la nuit tombante.

des arbres. Inlassablement, le gros serpent bleu de leur langue jaillit hors de leur bouche, se faufile entre les épines acérées pour s'enrouler autour du bouquet de feuilles convoité qu'il cueille délicatement. En réalité, la sérénité des girafes tient de leur force de frappe. Du coin de l'œil, elles ne relâchent pas un instant leur surveillance et si d'aventure le danger ou le promiscuité se font trop pressants, elles décochent un coup de sabot à tuer raide un lion.

Les antilopes, au contraire, s'avèrent d'un abord sans danger car elles savent maintenir leurs distances. Approchées lentement, elles s'écartent d'autant sans plus de hâte. Après un certain temps la manœuvre en vient à ressembler à un jeu qui s'achève dans un brusque galop, que les impalas entrecoupent de bonds gracieux et les gnous en s'ébrouant.

Les contacts avec les populations ne sont pas moins surprenants et mémorables. Le peuple kenyan est en effet composé d'une extraordinaire mosaïque de peuples dans laquelle chacun affiche sa différence avec autant de fierté que d'ostentation, à grand renfort de perles et de plumes. Et, même lorsqu'ils sont habillés à l'européenne, les Kenyans parviennent à se distinguer par un sens de la couleur et de l'assemblage des vêtements qui n'appartient qu'à eux.

Figures emblématiques des peuples autochtones des plaines de l'est des grands lacs, les Masaïs ont conservé toute leur superbe d'antan. Les plus pittoresques, cependant, ne sont pas toujours les plus authentiques. Leur condition de pasteurs nomades devenant de plus en plus difficile, bon nombre d'entre eux exploitent désormais les touristes de passage auprès de qui ils monnayent leur image, leurs parures et même parfois leurs armes. Tous cependant n'ont pas cédé à ces pratiques et, comme il est parfois difficile de distinguer un morane « figurant » d'un « vrai » morane, il arrive fréquemment que les contacts avec les étrangers soient quelque peu rugueux. Mais cela n'en donne que plus de valeur à l'expérience vécue, car, pour qui s'en laisse imprégner, le Kenya peut être un voyage initiatique à la rencontre de peuples luttant pour conserver les valeurs de leurs traditions et d'une nature encore rebelle à la domestication.

Le serpentaire est un rapace grand amateur de serpents. Il est surtout terrestre. Sa crête érectile est remarquable. L'oiseau la redresse quand il chasse et il ressemble alors aux secrétaires qui, au début du siècle, plantaient leur porte-plume dans leur chignon. Cela lui a valu son nom anglais de « secretary bird ».

Mombasa et la côte

Il est, de par le monde, des villes qui sont de profondes cicatrices de l'Histoire. Les monuments y représentent autant les symboles à la gloire des empires révolus que des balises de détresse à la mémoire des hommes qui les ont habités.

La citadelle de Fort Jésus, située au cœur de la vieille ville, a été construite en 1593 par les Portugais. Elle est maintenant transformée en musée national.
Mais la ville de Mombasa est connue depuis près de 2000 ans; elle existe déjà sur une carte de Ptolémée datant de 150 après J.C.

Mombasa est l'un de ces lieux où la puissance et le prestige des uns ne s'imposèrent qu'au prix de la déchéance ou de la mort des autres. Mais, au fil des siècles, le soleil, le vent et la pluie des moussons y ont depuis longtemps lavé le sang et les larmes. Presque muette aujourd'hui, elle n'en demeure pas moins éloquente à qui en regarde les vestiges du passé autrement que comme de simples curiosités touristiques.

Établie sur un plateau corallien, nichée au creux d'une baie et entourée de juste assez d'eau pour éviter les mauvaises surprises venant de l'arrière-pays, la cité serait restée sans doute longtemps un havre de paix si elle n'avait été ouverte sur l'océan.

Aux temps bibliques, la flotte du royaume de Saba cabotait déjà le long des côtes d'Afrique orientale, en quête d'or, de pierres précieuses, et de défenses d'éléphants. Comme dans tous les ports, certains marchands établirent des comptoirs et s'intégrèrent aux populations locales au point de créer une nouvelle langue, mélange d'arabe et de bantou, le swahili. Durant des siècles, les Sabéens conservèrent le monopole d'un commerce florissant. Ainsi, lorsque la reine Balkis, la légendaire Reine de Saba, se rendit à Jérusalem auprès de Salomon à la tête d'une somptueuse caravane, les peaux de panthère, de lion, ou de girafe, les objets

Les ngalawas faites à partir d'un tronc creusé et stabilisées par des balanciers sont les embarcations traditionnelles des pêcheurs. Beaucoup d'entre eux préfèrent maintenant promener les touristes que de continuer à se livrer à la pêche.

en ivoire sculpté, les cornes de rhinocéros, et les nombreux joyaux qu'elle apporta en présents venaient peut-être, en partie, de ce lointain négoce. Aux derniers siècles avant notre ère, les dynasties perses et grecques d'Égypte tentèrent vainement de s'imposer dans la région et, finalement, préférèrent nouer des liens avec l'Inde, plus lointaine mais surtout plus accueillante. Quelques navigateurs, victimes des aléas de la mousson sur la route du retour, s'égarèrent cependant vers le Sud et atteignirent le continent aux environs de Lamu, Mombasa, voire Zanzibar au lieu du golfe d'Aden. Leurs escales improbables, aux confins de la *Terra incognita*, furent utilisées par Claude Ptolémée qui, au IIe siècle, donna la toute première description de ces contrées mystérieuses, ignorées du monde méditerranéen.

Dans le monde antique, les villes marchandes les plus prospères devenaient souvent, à elles seules, des royaumes ce qui, sur la côte swahili, donna tout un chapelet de sultanats maritimes dont le jeu des alliances et des conflits était sans cesse renouvelé. L'apparition d'un ennemi

commun parvenait cependant à les unir. Ainsi, entre le Ve et le Xe siècle, ils durent repousser les myriades de pirogues wakwak, le « peuple venu du fond des mers », des Malais qui, à l'inverse des Polynésiens dans le Pacifique, s'étaient lancés dans une vaste diaspora à travers l'Océan Indien. Faute de pouvoir s'installer sur le continent, les envahisseurs colonisèrent Madagascar qui était alors une île vierge.

A peu près à la même époque, l'avènement de l'Islam suscita une importante émigration arabe qui fut mieux accueillie. Toutefois, une conséquence indirecte de ces deux événements allait être un fort développement de la traite des esclaves. Cette activité existait depuis des temps immémoriaux à destination des royaumes voisins d'Arabie, mais jamais auparavant elle n'avait connu pareille ampleur. En effet, de nouveaux débouchés s'étaient créés au Proche-Orient où les persécutions musulmanes avaient fait des victimes par centaines de milliers, tandis que cette pratique étaient coutumière chez les nouveaux colons malgaches. Dès lors, Mombasa devint également un port

La côte du Kenya s'étend sur 480 km depuis la Somalie jusqu'à la Tanzanie. Un immense massif de corail protège les plages de sable blanc sur presque toute la longueur. Certains des lagons sont peu profonds ; il est possible d'atteindre le récif à pied, ailleurs, il faut nager ou prendre un bateau. Des parcs marins ont été créés pour préserver la faune et la flore sous-marines.

Des femmes viennent vendre des étoffes sur la plage pour le grand plaisir des touristes.

négrier et étendit sa fortune sur un océan de misère. A la fin du XVe siècle, sa population égalait celle de Londres à la même époque.

Son opulente quiétude prit fin en 1498 avec l'arrivée des quatre caravelles de Vasco de Gama à la recherche de la Route des Indes. Lors d'escales précédentes, sur les côtes du Mozambique également tenues par les Arabes, l'escadre portugaise avait été vigoureusement éconduite et les sultanats voisins prévenus qu'ils avaient à se méfier des Européens. L'accueil à Mombasa fut moins brutal mais, afin de signifier aux étrangers qu'ils n'étaient pas les bienvenus, les amarres de leurs navires furent tranchées. Vasco de Gama mit le cap au Nord jusqu'à Malindi où, cette fois, il fut bien reçu. Des fêtes furent organisées en son honneur et le sultan lui fournit des pilotes pour atteindre Calicut, sur la côte Malabar, au sud-est de l'Inde. Tant d'honneurs et d'égards ne rendirent l'affront subi à Mombasa que plus injurieux. Et, tandis que s'instaurait l'alliance de Malindi avec les Portugais, Mombasa entrait dans la spirale des révoltes suivies de représailles. En 1500, Pedro Álvarez Cabral, chargé

de conforter les positions portugaises reconnues par Vasco de Gama, détruisit une première fois Mombasa la rebelle. En 1505, Francisco de Almeida, en guerre contre le sultan d'Égypte qui menaçait les intérêts portugais sur la Route des Indes, combattit tout fauteur de trouble et écrasa une nouvelle fois la ville. En 1528, Nuno da Cuna vint encore en pacificateur et mit à sac Mombasa pour la troisième fois, mais parvint à imposer la domination portugaise sur toute la côte swahili.

En 1592, les Portugais font construire, en surplomb du port, une enceinte fortifiée montrant à quel point leur autorité restait précaire, malgré une présence de près de trois quarts de siècle. D'ailleurs ce simple bastion, agrandi et renforcé au fil des ans, allait devenir le Fort Jésus dont les murailles n'ont résisté qu'au temps. Dans un climat de sédition permanente, la présence portugaise ne se maintint que par la force. Hormis les vivres, tout l'approvisionnement de la colonie venait des comptoirs de l'Inde et la paix relative, obtenue avec le sultan Ahmad de Mombasa, ne dura que quelques années. Son

*Dans les villages le long de la côte,
comme ici autour de Malindi,
les habitants cultivent la noix
de coco et diverses racines comme
le manioc, la patate douce, l'igname,
et une grande diversité de fruits
comme la mangue ou la banane.
Page de droite :
Porte sculptée à Mombasa.
L'influence des Arabes sur la côte Est
de l'Afrique était très importante
même si cette région ne fit
jamais partie de l'empire Arabe
proprement dit.*

Malindi est la dernière ville importante au Nord de Mombasa. Elle a été très longtemps un comptoir marchand florissant et ce, avant même l'ère chrétienne. Elle vit maintenant du tourisme local.

successeur entra en dissidence et fut remplacé par Ysuf Chinuliya, formé par les Augustiniens de Goa. Mais, dès son installation, celui-ci renia sa foi catholique et, au nom d'un Islam recouvré avec d'autant plus de ferveur, massacra la garnison de Fort Jésus et le corps expéditionnaire envoyé en renfort avant de se réfugier à Oman.

En 1635, les Portugais reprirent le contrôle de Mombasa et reconstruisirent le fort. Abhorrés des populations locales, honnis par les Arabes, les occupants furent ensuite sans cesse harcelés par les navires omanais. Pour entrer dans Mombasa, leurs bateaux devaient souvent livrer bataille. Cette guerre d'usure dura jusqu'à ce que les sultanats swahili, alliés aux Omanais, unissent leurs flottes pour attaquer Mombasa. Le siège de Fort Jésus, commencé en mars 1696, ne s'acheva qu'en novembre 1698 par la victoire des Arabes. Sur près de 3 000 personnes qui s'y étaient réfugiées, seuls onze hommes et deux femmes avaient survécu à la famine et à la peste. Ils furent exécutés sur place par les vainqueurs. Ébranlée par cette défaite que l'envoi de renforts n'avait pu

éviter, l'hégémonie portugaise périclita rapidement, aussitôt remplacée par la toute nouvelle puissance omanaise des Ya'ariba. Afin d'assurer leur contrôle sur les cités maritimes de la côte swahili, les imams s'appuyèrent sur des familles qu'ils pensaient leur être dévouées. À Mombasa, cette confiance fut accordée à celle des Mazrui qui devint ainsi l'une des plus puissantes en contribuant à la reprise économique de la région. Mais la richesse donne très vite des velléités d'indépendance, suscite des jalousies, et les conflits d'intérêts dégénérèrent en guerres intestines qui nuisent à la bonne marche des affaires. En 1822, le sultan omanais Sayyid Saïd tenta de restaurer son autorité par l'envoi d'un corps expéditionnaire mais, à Mombasa, le chef des Mazrui demanda leur protection aux Anglais. En 1824 l'Union Jack était hissé sur Fort Jésus et la ville placée sous protectorat britannique. Cette initiative ne reçut pas l'aval de la Couronne qui annula le protectorat. Sayyid Saïd reprit le contrôle de la région jusqu'à Zanzibar où il transféra sa cour. Après sa mort, en 1856, ses successeurs ne surent résister aux

pressions des nations européennes, alors en pleine expansion coloniale. Trente ans plus tard, l'Allemagne et l'Angleterre se partageaient le royaume de Zanzibar. Bien qu'une bande côtière de 16 kilomètres ait été laissée au sultanat, le Kenya tout entier fut placé sous protectorat britannique, dont Mombasa devint la base stratégique pour la colonisation de l'arrière-pays.

Dans les dernières décennies du XIXe siècle, l'abolition de l'esclavage, la construction d'une route jusqu'à Kibwezi, puis celle du chemin de fer, la fondation de Nairobi, ouvrirent Mombasa au monde moderne et à une nouvelle ère de prospérité qui en firent la deuxième ville du Kenya et l'un des ports de commerce les plus actifs de l'Afrique orientale. Ce qu'elle est encore aujourd'hui.

Au Kenya 60 % de la population a moins de 20 ans et la croissance démographique est de 4 % par an. Les femmes portent en général leur enfant dans le dos, serré dans un linge.

Île de Lamu

Autant Mombasa la fiévreuse étouffe difficilement l'écho des violences d'un passé tumultueux, autant Lamu conserve la sérénité des riches marchands qui en firent la fortune, sans que les scrupules ou les remords n'en aient diminué les penchants pour le luxe, les arts, et la volupté.

Les ânes sont le principal moyen de transport de l'île qui ont même leur dispensaire.
Ils sont plus de six mille cinq cents.

Isolée du continent, proche des ports de Malindi et de Mombasa, sans avoir à en supporter la promiscuité, Lamu a bénéficié d'une paix suffisante pour que ses habitants jouissent pleinement des fruits de leurs activités toutes aussi lucratives.

Par certains aspects, Lamu n'est pas sans rappeler Gorée, une autre île qui, au large de Dakar sur la côte d'Afrique occidentale, fut également un autre centre important de la traite des esclaves et de l'ivoire. L'une et l'autre montrent les vestiges d'une même opulence dans l'architecture des maisons d'habitation. Les seules différences résident dans le style et les matériaux de construction. A Lamu, comme dans toutes les anciennes villes de la côte swahilie, les maisons, d'inspiration arabe, sont bâties avec des blocs de corail. Afin d'éviter que les murs ne noircissent, à l'exemple des lugubres murailles de Fort Jésus, à Mombasa, ils étaient enduits ou simplement lavés de chaux comme l'avait déjà remarqué Vasco de Gama lors de son premier voyage.

La ville commande deux îles jumelles, Lamu et Manda, que sépare un étroit chenal propice au mouillage des navires depuis la plus

two-day
APPELS

haute antiquité. Cette commodité, appréciée des navigateurs de toutes les époques et de toutes les nations, figure déjà dans *Le périple de la mer Erythrée*, une description des côtes d'Afrique orientale due à un commerçant grec d'Égypte, probablement contemporain de Ptolémée. Citant Lamu et Manda, sous le nom d'îles Pyralaoi, il désigne le chenal par ce mot en grec *Diôruchos*. Hormis ses précisions géographiques, ce texte est surtout révélateur de l'importance des échanges commerciaux d'alors.

En effet, contrairement à ce qui se passera avec les Européens qui se borneront à exploiter les ressources du pays, les marchands antiques se livraient à un véritable import-export. L'auteur du *Périple* énumère ainsi, entre autres et pour chacune de ses escales sur les rivages

Les étroites ruelles de la ville de Lamu interdisent aux voitures de circuler.
Il n'y en a d'ailleurs qu'une sur l'île, celle du commissaire de police.
Lamu est un exemple vivant d'enclave de l'ancienne Arabie au cœur de l'Afrique Noire.
Pages précédentes :
Le plan de la ville de Lamu est resté quasiment inchangé depuis des siècles. Même si peu de constructions ont plus de 150 ans, elles sont bâties dans le même style que dans le passé.

Le musée de Lamu est une reconstitution de l'intérieur d'une maison swahilie. Certaines maisons sont ornées de magnifiques portes de bois ciselées dans un style typiquement arabe.

• les Chinois en Afrique •

Les véritables relations commerciales entre la Chine et les sultanats d'Afrique orientale ne débutèrent qu'au XIe siècle, sous la dynastie des Song. Les invasions arabes et le démantèlement de l'empire Yuan avaient alors interrompu le trafic sur la Route de la Soie que seules les voies maritimes pouvaient remplacer. Or les marins chinois connaissaient déjà la boussole et, surtout, avaient inventé le gouvernail d'étambot qui, trois siècles plus tard, allaient permettre aux Européens de se lancer à la découverte des océans. Mais, à en juger par le nombre d'épaves chinoises qui jonchent les hauts-fonds des Maldives, ces navigations restaient pour le moins aléatoires. Pourtant de fréquentes liaisons se maintinrent jusqu'à ce que la Chine se referme sur elle-même, à l'époque des Ming.

L'île de Lamu comporte
29 mosquées.
L'école coranique de Lamu est
célèbre dans tout l'Est de l'Afrique.
Page de gauche :
Dans le dédale des ruelles de Lamu,
il est facile de se perdre. Certaines
sont très commerçantes
et les boutiques y présentent
des étalages très hétéroclites.

101

NASRUNA
LF 882

Les dhows servaient jadis au commerce entre la côte orientale de l'Afrique et l'Arabie, le golfe persique, voire le Pakistan et l'Inde. Pendant des siècles, ces embarcations ont traversé l'Océan Indien pour amener leurs précieuses cargaisons d'épices et de tapis au Kenya, à la saison de la mousson, entre décembre et avril. Quand les vents tournaient, elles repartaient, chargées d'esclaves et d'ivoire.

LA
KHOF

On ne peut arriver sur l'île de Lamu que par la mer. Les avions se posent sur l'île de Manda toute proche, la traversée ne durant ensuite que quelques minutes. Les voyageurs qui viennent de Mombasa ou Malindi par la route utilisent le bac.

du « pays barbarique » de la mer Rouge, la vente d'étoffes d'Arsinoé (Suez), d'objets en cristal de Diospolis (Thèbes), du vin de Laodicée (Lattaquié, au Liban), et où il était possible de se procurer de l'ivoire, de l'écaille, des cornes de rhinocéros, mais aussi, en provenance de l'Inde, de l'acier, du coton, ou des laques de couleurs.

Plus au Sud, les côtes du Kenya jusqu'au Mozambique étaient appelées « Azania » et fournissaient des marchandises d'égale valeur, donnant la mesure de la richesse acquise au fil des siècles par ceux qui les maîtrisaient. Le « périple » une fois encore indique comment les Arabes parvinrent à s'implanter si bien sur cette terre étrangère. Le chef mapharitique (Ma'afir, au Yémen) gouverne le pays selon quelque droit ancien qui le place sous la suzeraineté de l'Etat qui est devenu le premier en Arabie. Et les gens de Muza (port yéménite) le tiennent maintenant sous son autorité et y envoient de nombreux et grands navires, utilisant des capitaines et des agents arabes qui sont familiers avec les indigènes et se marient avec eux, qui connaissent

toute la côte et en comprennent la langue (le swahili).

En dépit de leur intégration, les Arabes désignaient les populations indigènes sous le terme générique et quelque peu péjoratif de zendji, c'est-à-dire « nègres », sous-entendu « nègres-esclaves ». Comme, en arabe, côte se dit barr, ils nommèrent globalement le littoral et les îles de l'Azania Zendj-barr, que les Occidentaux traduisirent par Zanzibar. L'étendue de ce territoire suivit par la suite les aléas de l'histoire. Jusqu'à l'indépendance du Kenya, en 1963, il s'étendait encore, virtuellement, sur la bande côtière de 16 kilomètres, tel qu'en avait décidé la convention qui, lors du partage des zones d'influence entre l'Allemagne et l'Angleterre, accorda en échange un bail annuel de 17 000 £ au sultan du royaume de Zanzibar.

Au temps de sa splendeur, Lamu partagea la même renommée que Malindi, Mombasa, ou Paté sa voisine. Au VIIIe siècle, les échanges commerciaux entre marchés locaux, méditerranéens, et indiens, s'élargirent avec la venue des premières jonques chinoises. Si l'his-

toire locale n'en a guère gardé le souvenir, les nombreux fragments de porcelaine bleue retrouvés dans les fouilles archéologiques, ou inclus dans des mosaïques, attestent les relations que l'Empire du Milieu a entretenu avec les sultanats swahilis.

Plus que les ports du continent, surtout préoccupés du développement de leur négoce, Lamu fut également un lieu de culture où la littérature, la poésie et la musique purent s'épanouir à l'ombre bienveillante de riches mécènes qui, soucieux de leur tranquillité, surent toujours éviter les conflits avec le pouvoir, local ou étranger, en

Les dhows n'ont pas changé d'aspect depuis l'époque des « Mille et une nuits » en dehors de l'ajout pour beaucoup d'entre eux d'un moteur diesel.
Une des plages de l'île de Manda .
De succulents plats de poisson sont servis dans les petits restaurants de l'île.

L'île de Manda fait partie de l'archipel de Lamu. A part ses superbes baobabs, les ruines de Takwa, ville du XVIe siècle, y sont très intéressantes.

place dans la région. Même si le lustre en est aujourd'hui passablement terni, la ville actuelle donne une image assez exacte de ce qu'elle a été autrefois.

Les ruelles sont restées étroites et tortueuses, moins par refus du modernisme que pour maintenir une circulation de l'air qui, passant par les fenêtres judicieusement disposées sur les façades des habitations, en assurent une climatisation naturelle. Les portes, sculptées dans la tradition arabe, révèlent une foule de détails empruntés à toutes les cultures qui se sont harmonieusement côtoyées, au sein de ce creuset insulaire. On y retrouve ainsi des motifs d'inspiration phénicienne, perse, égyptienne et même celte. Les mêmes motifs sont souvent repris dans les décors en stuc, sur certains murs.

L'ambiance, elle-même, semble n'avoir guère changé. Comme autrefois, les artisans travaillent dehors, sur le pas de la porte de leur échoppe, les anciens palabrent sous les vérandas, les enfants emplis-

sent les rues de leurs cris et de leur jeux, le tout dans une aimable confusion à laquelle des légions d'ânes apportent une large part. En effet, Lamu a été préservée de l'invasion des automobiles et leur absence renforce encore l'impression que la ville demeure hors du temps présent.

Lamu a également conservé le goût des fêtes. Régulièrement, des commémorations sont organisées en l'honneur de saints marabouts. Les notables et les chefs religieux, en habits de cérémonie chatoyants, défilent alors au son des tambours et des siwas, les trompes traditionnelles en ivoire ou en cuivre. Parfois, des danses à l'épée rappellent les batailles et la gloire des sultans d'antan. Mais c'est surtout au crépuscule, lorsque les derniers touristes ont regagné le continent à bord des dhows dont ils avaient débarqué le matin, que Lamu retrouve son vrai visage. Le vent du soir n'emporte que le murmure des conversations autour des tasses de thé dont le calme n'est troublé que des seuls éclats du rire des enfants.

NAIROBI

Autant Mombasa et Lamu évoquent le passé, autant Nairobi symbolise l'histoire récente et l'avenir du Kenya. La ville est née au hasard des difficultés rencontrées lors de la construction de la ligne de chemin de fer.

Le jacaranda est un arbre très courant dans les rues et les jardins du centre du Kenya, de même que le flamboyant et le frangipanier.

Située à 1 600 m d'altitude, elle se trouve sur le dernier méplat avant les escarpements du Rift, la grande faille qui se trouve un peu plus loin au nord. L'endroit fut choisi comme base arrière du chantier. Ce n'était, alors, qu'une tourbière à papyrus où les Masaïs menaient leurs troupeaux s'abreuver. Ils lui avaient donné le nom de « source d'eau fraîche », *nairobi*, en langue maa qui est la leur et dont ils tiennent leur nom.

En 1899, tous les campements y furent rassemblés de part et d'autre d'un mauvais chemin qui, pompeusement nommé Victoria Street, se transformait, dès qu'il pleuvait, en bourbier dans lequel les passants pataugeaient jusqu'à mi-cuisse. Dans un désordre de tentes et de baraquements en tôles ondulées, la vie s'organisa. Les coolies indiens ouvrirent une multitude de dukas, ces échoppes où se vend tout et n'importe quoi, tandis que les Britanniques se construisaient une fabrique d'eau gazeuse, complément indispensable du whisky sous ces latitudes de grand soif, un hôtel et, bien sûr, un club.

Lorsque deux ans plus tard la ligne fut achevée, il devint évident que, pour la rentabiliser, il fallait créer des activités susceptibles de lui fournir des marchandises à transporter. Une campagne fut lancée, afin

d'attirer des pionniers et mettre en valeur l'arrière-pays. Quelques-uns réussirent mais beaucoup vécurent en aventuriers et quand, en 1906, l'administration déménagea de Mombasa pour s'installer à Nairobi, la cité ressemblait davantage à une ville du far-west américain qu'à la capitale de l'Afrique Orientale Britannique.

La Première Guerre mondiale n'eut que peu d'incidences sur la colonie, mais une heureuse conséquence. Quelques escarmouches avec les troupes allemandes stationnées en Tanzanie, permirent en effet à l'Angleterre de revendiquer et d'obtenir le contrôle de ce pays lors de l'armistice. Par ailleurs des conditions particulièrement avantageuses furent offertes aux anciens combattants dans l'attribution des terres. Mais cet afflux de colons, la pénurie de main d'œuvre et les tensions avec les populations locales marquèrent le début des mouvements de résistance qui devaient conduire le Kenya à l'indépendance.

Les Kikuyus, qui avaient été les premiers à collaborer avec les habitants de Nairobi, furent également à l'origine du premier parti nationaliste

La mosquée Jamia.
Nairobi est une ville cosmopolite qui comporte une grande variété d'édifices religieux.
Le nombre des Musulmans dans le pays varie de 6 à 20 % selon les sources.
Ils sont surtout implantés dans le Nord-Est du pays et sur la côte.

et, en 1922, à compter les premières victimes de la répression. Deux ans plus tard, un certain Johnstone Kamau participait à la fondation de la *Kikuyu Central Association* dont il devint le secrétaire général sous le nom de Jomo Kenyatta. Nul ne savait encore le rôle qu'il allait jouer ni que son combat durerait près de 40 ans, pour que sa nation obtienne enfin l'*uhuru*, la liberté en swahili.

Pourtant, les processus enclenchés étaient voués à cette fin inéluctable. A partir de 1930, les ethnies Luo, Taita, Kamba, constituaient leurs propres associations d'opposition pour qui la seule trêve fut, paradoxalement, la Seconde Guerre mondiale. Mais de retour au pays, tous ces soldats avaient appris le maniement des armes et la stratégie pour reconquérir les terres dont les colons les avaient spoliés. Dans les années 1951-1955, la révolte des Mau-Mau en donna les épisodes les plus violents et, bien que la ville Nairobi en ait été épargnée, elle fut le théâtre des procès et des exécutions dont le souvenir se perpétue désormais dans le nom de ses rues ou de ses avenues.

Parcs et réserves

Véritable jardin d'éden, le Kenya,
par la diversité de ses paysages grandioses
et de sa faune, est la destination privilégiée
des amateurs de vie sauvage.
Pays aux mythiques safaris, où aujourd'hui
l'homme affronte, caméra au poing,
la bête féroce sous l'œil impassible
du fier guerrier masaï, le Kenya
compte vingt-cinq mille kilomètres carrés
de réserves et de parcs naturels.

La panthère s'adapte à toutes sortes d'habitat, de la forêt tropicale humide au désert brûlant, sans oublier les hautes altitudes à plus de 4000 m. Avec sa robe magnifique, son corps élégant, ses mouvements gracieux et ses yeux incroyables, c'est un des plus beaux félins. Mais cette beauté a coûté la vie à des milliers d'individus. Il a fallu l'interdiction du commerce de sa peau pour que le braconnage diminue considérablement.

Réserve de Samburu

La route, au nord des Aberdare, contourne le mont Kenya, la « Montagne », second plus haut sommet d'Afrique après le Kilimandjaro et qui a donné son nom à la nation. Mais, bien que son plus haut glacier culmine à plus de 5 000 mètres, il demeure souvent invisible, masqué par une couronne de nuages. Encore plus au nord, un couloir montagneux conduit à Isiolo, la porte du désert et du pays samburu.

Les Samburus sont de même origine que les Masaïs dont ils partagent la langue. Arrivés ensemble des régions du Soudan méridional, il y a 2 000 ans, ils se seraient séparés depuis un millier d'années. Et, bien qu'ils aient conservé de nombreux points communs, Samburus et Masaïs diffèrent par certains détails dans leurs ornements corporels, leurs rituels et, surtout, par leur caractère beaucoup moins belliqueux que leurs cousins méridionaux dont

Page de gauche :
Les éléphanteaux aiment se rassurer en touchant un aîné avec leur trompe.

ils sont séparés depuis un millier d'années. Ainsi, tandis que les Masaïs prenaient possession des vertes vallées du sud en guerroyant contre leurs premiers occupants, les Samburus nouaient des liens économiques et de parenté avec les Rendilles, des éleveurs de chameaux de souche somalie. Leur territoire, en grande partie très aride, leur interdit toute activité agricole, hormis sur quelques hauts plateaux. Aussi vivent-ils principalement de l'élevage de leurs troupeaux. D'ailleurs, ils étaient appelés autrefois *Loibor Kineji*, le « peuple aux chèvres blanches ».

En effet, les vaches et les bœufs ont toujours représenté un patri-

Dromadaires en train de se désaltérer dans la rivière Uaso Nyiro. Les tribus nomades du nord les utilisent beaucoup.
Chez les lions, les rôles entre les deux sexes sont très distincts : les mâles défendent le territoire de la harde contre les étrangers, les femelles élèvent les lionceaux, chassent et tuent.
Le phacochère, sorte de sanglier africain, utilise ses défenses pour creuser le sol à la recherche de racines. Elles sont aussi des armes redoutables chez les mâles.

Ce pique-bœuf, comme ses confrères, mange les insectes parasites comme les tiques qui vivent sur les zèbres de Grévy ou les autres herbivores.
Le zèbre de Grévy porte le nom du Président de la République Française à qui l'un d'eux fut offert en 1882 par le Négus d'Ethiopie.
Page de droite :
Les girafes réticulées habitent les zones semi-arides du nord du Kenya. Leur robe présente de grandes taches.

moine bien trop précieux pour être consommé comme du vulgaire bétail. Ils ne sont sacrifiés qu'à l'occasion des grandes cérémonies, des mariages ou des enterrements. Seul le lait entre dans l'alimentation quotidienne, parfois mêlé d'un peu de sang prélevé sur un animal vivant. La manière de procéder est la même que chez les Masaïs. Une flèche spéciale est réservée à cet usage. Tirée presqu'à bout portant, elle ouvre une incision dans la veine jugulaire, tout juste suffisante pour laisser couler la quantité de sang nécessaire dans une calebasse, avant de se refermer d'elle-même. La viande est fournie par les chèvres et les moutons, durant la seule saison sèche et avant qu'ils ne soient trop maigres.

Les Samburus ont des liens culturels et linguistiques étroits avec les Masaïs; ils leur ressemblent aussi : mêmes silhouettes filiformes, mêmes visages aux traits fins.
Pages suivantes : Les hommes Samburus exécutent de superbes sauts sur place, les jambes tendues. Les Samburus portent du blanc, couleur non utilisée par les Masaïs.

• un échiquier ethnique •

L'histoire du peuplement du Kenya est complexe. Cependant, quelques éléments de vocabulaire permettent d'en comprendre les grandes lignes. Ainsi, toutes les ethnies actuelles proviennent d'immigrations plus ou moins anciennes et issues de deux sources principales, l'une au Nord, l'autre à l'Ouest.
Au Nord, les Couchites (Rendille, Boran, Galla, etc.) sont venus de Somalie et de l'Ogaden, les Nilotiques orientaux (Masaï, Samburu, Turkana) d'Ethiopie, tandis que les Nilotiques occidentaux (Luo) étaient originaires du Soudan.
De l'Ouest, mais aussi du Sud, la diaspora des agriculteurs bantous a fondé une très ancienne communauté dont les Kikuyus et les Kambas sont les héritiers.
Chronologiquement, les Couchites furent les premiers, suivi des Bantous et des Nilotiques. Mais des vagues de toutes provenances se sont succédées au fil des millénaires et se poursuivent encore de nos jours.

La réserve de Shaba doit son nom à un cône volcanique. La rivière Uaso Nyiro a ici aussi un rôle prépondérant. Certaines espèces de termites construisent des édifices importants qui ont la couleur du sol où ils se dressent. Elles forment des colonies qui peuvent atteindre plusieurs millions d'individus.
Page de droite :
La Caralluma est une plante qui se rencontre surtout dans les zones arides du Nord du Kenya. La couleur noire de ses fleurs est étonnante.

Parc National de Shaba

Les réserves nationales de Samburu, Buffalo Springs et Shaba possèdent une faune qui, différente des autres parcs kenyans, s'apparente davantage à celle de la Somalie. Sous un ciel blême, une savane à acacias s'étend jusqu'à l'horizon vibrant de chaleur. L'un de ses habitants les plus remarquables est la charmante gazelle de Waller, également appelée gazelle-girafe, ou gerenuk, ce qui revient au même car ce mot signifie "cou de girafe" en somali. Cette antilope a coutume de toujours brouter les plus hautes branches des épineux. Pour les atteindre elle se dresse sur ses pattes arrières dans un mouvement plein d'une grâce qui n'appartient qu'à elle. Arquant son corps, afin d'éviter les épines des branches basses, elle se sert de ses pattes antérieures pour, de l'une, se tenir en équilibre, tandis qu'elle se sert de l'autre pour attirer le rameau convoité. Sous une apparence frêle et délicate cet animal cache une résistance peu commune et une parfaite adaptation aux pires sécheresses en étant

Le mâle autruche est généralement polygame. Il choisit un territoire sur lequel il creuse le nid. Chaque femelle y apporte sa contribution au rythme d'un œuf tous les deux jours. Mais, seule la dominante couve les 20 à 30 œufs du nid avec lui.

capable de se passer de boire. Lorsqu'elle prend la fuite, la gazelle-girafe change totalement de silhouette. Le cou tendu dans le prolongement du corps, elle fait de si longues foulées qu'elle en perd près de la moitié de sa hauteur.

Les girafes locales sont tout aussi élégantes dans leur robe d'un châtain foncé sur lequel un fin réseau de blanc pur dessine des plages de formes géométriques. Cette race ne se rencontre que dans le nord du Kenya et, au-delà, en Somalie. Mais, hormis son indéniable beauté, elle ne se distingue en rien des autres girafes.

Ce héron garde-bœuf vient d'attraper une sauterelle.
La coquille de l'œuf d'autruche est très épaisse et le poussin se sert d'une excroissance cornée qu'il a au bout du bec pour la fracturer.

Le rollier à longue queue se nourrit d'insectes et de petits animaux comme les grenouilles. Il chasse à l'affût, perché sur une branche.

Un autre animal emblématique de ces contrées est le zèbre de Grévy. Cette espèce se différencie du zèbre de Grant, en compagnie duquel il se tient volontiers, par sa plus haute taille et son allure plus chevaline qui rappelle celle d'un mulet. Par ailleurs, il brait comme un âne, tandis que ses congénères aboient.

Dans un pays aussi sec, les berges de l'Ewaso Ngiro constituent un lieu particulièrement attractif. Ce qui explique, peut-être, pourquoi cette rivière est réputée, à juste titre, pour le nombre et la taille des crocodiles qui la fréquentent. En descendant au *Samburu game Lodge*, il est possible de les contempler de très près, depuis le Crocodile Bar dont la terrasse donne directement sur une plage où quelques beaux spécimens ont l'habitude de se prélasser. Seule une petite rambarde les sépare des consommateurs.

Il est par contre plus rare de les voir capturer une proie. C'est généralement à l'heure où les bêtes viennent boire. Tout est parfaitement calme, jusqu'à ce qu'une gerbe d'eau enveloppe la victime

qui, si ses réflexes ne sont pas excellents, se voit rapidement entraînée sous la surface. Noyée, elle sera coincée sous des racines de la berge durant plusieurs jours, jusqu'à ce que les chairs se détachent facilement des os. En effet, les crocodiles n'ont de force dans les mâchoires que pour serrer et sont incapables de mâcher.

Avant de repartir, il ne faut pas manquer d'inspecter les fourrés qui tapissent le sol, sous les palmiers doums. Il y a de forte chance d'y trouver des dik dik, ces minuscules antilopes sottement massacrées pour leurs cornes miniatures vendues comme souvenirs aux touristes. Il faut beaucoup d'attention pour les déceler dans l'ombre des feuillages. C'est généralement leurs grands yeux noirs qui les trahissent, car aucun fruit n'atteint cette taille et n'est aussi brillant.

En hiver, le rollier d'Europe est lui aussi présent au Kenya.

Dans les hautes terres centrales, montagneuses et verdoyantes, la culture du blé, du maïs et l'horticulture ont été développées très tôt par les colons anglais. La faible densité de population aux alentours du parc de Meru et la végétation luxuriante devraient en faire un des hauts lieux de la vie sauvage. Malheureusement, il a subi un braconnage intensif.

Pages suivantes :
Les chutes Adamson sur la rivière Tana rappellent à tous que Joy et George Adamson ont vécu leur extraordinaire aventure avec Elsa la lionne dans le parc national de Meru.

PARC DU MONT MERU

Le parc de Meru reste, pour beaucoup de visiteurs, le « pays d'Elsa », la lionne rendue à la liberté par Joy et George Adamson. Cette renommée ne préserva pas l'aire protégée des incursions de braconniers qui, en 1988, y tuèrent cinq des derniers rhinocéros blancs d'Afrique orientale. Ces animaux étaient considérés comme de précieuses reliques car moins nombreux que les rhinocéros noirs, ils possèdent des cornes généralement beaucoup plus longues. Le trafic des cornes de rhinocéros était destiné à fournir un stimulant aux vieillards d'Extrême-Orient dont la virilité défaille. En réalité, dans la pharmacopée chinoise, ce n'était autrefois qu'un fébrifuge qui a été remplacé depuis longtemps par de la corne ou du sabot de bœuf. Cependant, la publicité faite à de prétendues vertus aphrodisiaques a fini par susciter un marché qui n'existait pas auparavant. En revanche, la corne de rhinocéros demeure indispensable à la fabrication des manches des poignards dont les riches Yéménites ne se séparent jamais. Or la tradition, comme la filière commerciale, sont millénaires.

Le lac Magadi est situé à l'extrême sud de la région des lacs, le long de la faille du Rift. C'est le plus sodique d'entre eux.
Le fond ressemble à une énorme cuvette de soude. Autour du lac, des sources d'eau chaude jaillissent du sol à près de 45°C.

LAC MAGADI ET RÉSERVES DE BOGORIA ET NAKURU

Lors des études qui précédèrent la construction de la ligne de chemin de fer, J. W. Gregory, professeur de géologie à l'université de Glasgow, découvrit dans la région du lac Magadi le profond fossé qui entaille le pays du Nord au Sud. Après un premier moment de stupeur devant la beauté du panorama qui s'offrait à ses yeux, le scientifique reprit le dessus et il semblerait qu'il ait été davantage impressionné par l'ampleur du phénomène géologique qui l'avait créé. Dans son rapport, il nota en effet : «Cette étrange vallée ne s'est pas formée à la suite de l'érosion, grain à grain, par les rivières ou par le vent, des roches qui les occupaient primitivement, mais par leur effondrement en masse !» La notion de « rift » était née et, au Kenya, elle porta longtemps le nom de *Gregory Rift Valley*. Quelques années auparavant, son confrère Adam Smith s'était également étonné de l'étrange profil de la vallée du Jourdain mais, dans l'expectative, il s'était borné à déclarer : «Il y a peut-être, à la surface d'une autre planète, quelque chose de comparable, mais rien sur la

Terre ne lui ressemble». Ni l'un, ni l'autre, ne se doutait encore que chacun d'eux avait trouvé, à plus de 4 000 kilomètres de distance, un indice de l'avenir géographique de notre planète. Pourtant, vingt ans plus tard, Alfred Wegener énonçait sa fameuse théorie sur la dérive des continents. Souvent considérée comme une science aride, la géologie nécessite très souvent le talent d'un visionnaire, voire d'un poète. Les reliefs, la nature des roches, la superposition des sédiments, sont autant de vestiges d'événements passés dont certains furent cataclysmiques à une échelle qu'il est difficile d'imaginer. Tous, cependant, sont les preuves que notre Terre est une planète vivante qui ne cesse de se métamorphoser. La Grande Vallée du Rift en est un exemple actuel et l'un des plus spectaculaires car, dans un futur lointain, elle pourrait bien transformer la Corne de l'Afrique en île et la région du lac Victoria en péninsule.

Il y a une centaine de millions d'années, pour des raisons qui n'appartiennent qu'au secret du cœur de la planète, un formidable moteur thermique s'est enclenché sous l'écorce terrestre dans cette région du monde.

Le lac attire une grande quantité d'oiseaux : marabouts, pélicans, et surtout flamants. Ceux-ci, pour se nourrir, marchent la tête en bas de façon à ce que la partie supérieure du bec soit à l'horizontale. Ils filtrent la nourriture en suspension, surtout les algues microscopiques, les spirulines.

Le lac Bogoria est dominé à l'est par de hautes falaises. Sa haute teneur en sel est due au fait qu'il n'a pas d'écoulement. Il ne reçoit un peu d'eau douce qu'à la saison des pluies. Il n'est pas poissonneux.
La réserve du lac Bogoria est un des meilleurs endroits du Kenya pour voir les grands koudous, ces superbes antilopes dont les mâles portent de grandes cornes en spirale.
Page de droite :
Les geysers de la rive ouest du lac Bogoria peuvent atteindre 6 m de haut.

Deux fractures s'ouvrirent successivement, la première dans l'axe du lac Tanganyika, la seconde, beaucoup plus tard, dans celui des lacs Turkana et Magadi. Elle créa dès lors une haute falaise à l'Ouest et un gigantesque pli fracturé à l'Est qui demeurent aujourd'hui. Après quelques millions d'années d'un calme relatif, de nouvelles failles lézardèrent le plancher du fossé, libérant des flots de laves. Des épisodes similaires se reproduisirent ainsi, à chaque déchirement de l'écorce terrestre tandis que la faille s'ouvrait un peu plus. Cependant, la progression n'a pas toujours été partout la même. Au Kenya, en 25 millions d'années, l'écartement a varié de 3 à 20 km. Or, à Djibouti, où s'est ouverte une faille transversale, le mouvement atteint actuellement une moyenne de 3 cm par an. En 1978, sans que nul ne sache pourquoi, ses lèvres se sont éloignées brutalement de 1,80 m !

Partout ailleurs, cette activité se traduit par des éruptions volcaniques fréquentes et, plus insidieusement, sous certains lacs où les eaux de ruissellement en contact avec les laves en fusion transforment certains sédi-

Les flamants nains sont dans leur élément sur le lac Bogoria. Mais le site principal de reproduction se situe sur le lac Natron en Tanzanie. Des œufs ont quand même été pondus plusieurs fois au lac Bogoria mais sans succès sauf en 1980. Les nids tronconiques placés les uns à côté des autres sont fait de boue tassée, de plumes et de cailloux.

ments en soude caustique, comme c'est le cas à Magadi et Bogoria.

Autrefois l'eau de ces lacs était douce, comme elle l'est encore à Naivasha ou Baringo préservés par une gangue de laves étanches. Ils étaient alors peuplés d'hippopotames, de crocodiles et de poissons. Mais quand, à la suite de séismes, le fond se fissura et que le milieu commença à se polluer de sels minéraux, presque tous émigrèrent ou moururent. Certains poissons, voisins des perches, parvinrent toutefois à survivre dans le panache de rares sources restées douces. Isolés sur de minuscules territoires, il arriva qu'ils évoluent séparément de leurs congénères, installés dans les sources voisines, pour former des sous-espèces distinctes, exactement comme si des centaines de kilomètres les avaient séparés. Ces poissons sont très recherchés par les aquariophiles en raison de leur petite taille, de leur coloration et, malgré un élevage délicat, pour l'habitude qu'ont les femelles de garder leur ponte dans la bouche jusqu'à l'éclosion des alevins, qui y trouvent encore refuge tant que leur taille le leur permet.

Des algues microscopiques, les spirulines, réussissent à subsister dans les

eaux sodiques lorsque la concentration et la température leur conviennent. Ces végétaux primitifs sont restés très proches des toutes premières formes de vie apparues sur notre planète dont les caractéristiques écologiques étaient, à l'époque, sans doute assez comparables à celles de ces lieux où une nouvelle croûte terrestre est en train de naître. Au Kenya, les conditions les plus favorables à leur prolifération coïncident avec la saison des pluies. Magadi et Bogoria deviennent alors le rendez-vous de centaines de milliers de flamants nains dont c'est la nourriture principale. Les flamants roses, pour leur part, ne consomment que de petits crustacés, ce qui explique pourquoi les deux espèces peuvent se côtoyer sans jamais se concurrencer. Et encore, le voudraient-ils qu'ils n'y parviendraient pas. En effet, les flamants nains peuvent filtrer des particules ne mesurant pas plus de quelques dizaines de microns, à l'aide des fines soies tapissant l'intérieur de leur bec, tandis que les flamants roses ne disposent que de dentules trop espacées pour retenir des éléments aussi ténus. Dans le lac Magadi, la concentration de soude est si forte et sa profon-

Les flamants nains sont des oiseaux très grégaires. En cas de danger, ils se déplacent tous dans la même direction avant de prendre leur envol ce qui donne des spectacles extraordinaires vu le nombre d'individus concernés. La parade nuptiale est aussi un comportement de groupe : quelques mâles se rassemblent autour d'une femelle réceptive puis ils sont suivis par plusieurs centaines, voire milliers d'autres flamants qui se tiennent de plus en plus serrés, la tête dressée.

Pages suivantes :

La quantité de flamants sur les 5 lacs salés du Kenya (Magadi, Elmenteita, Nakuru, Turkana et Bogoria) est très variable. Les trois millions d'oiseaux se déplacent d'un lac à l'autre.

Le rhinocéros blanc est en fait gris. Ce sont les Britanniques qui, en Afrique du Sud, ont autrefois déformé le mot hollandais « wijd » qui signifie large, devenant « white ». C'est le deuxième plus grand mammifère terrestre; il peut peser jusqu'à 4 tonnes mais c'est un animal placide qui charge très rarement.
Page de droite :
Les buffles mâles ne combattent pas souvent. La plupart du temps, ils essaient de s'impressionner en secouant la tête. Et le plus faible reconnaît sa position et s'enfuit. Lorsque le combat s'engage vraiment, les violents coups de cornes échangés occasionnent des blessures sérieuses et parfois la mort d'un des protagonistes.

deur si faible, qu'une grande partie est couverte, en permanence, d'une épaisse croûte de cristaux scintillants au soleil. Cette abondance a permis l'installation de la plus ancienne exploitation minière du Kenya, mais elle présente aussi un danger pour les flamants. Lorsque la saison des pluies ne tient pas ses promesses, le lac s'assèche presque totalement et l'eau qui subsiste se transforme en une épaisse gelée de soude qui se cristallise rapidement autour des pattes des poussins. Immobilisés par ces entraves de sel, ils seraient condamnés à une mort certaine si des équipes du Service des parcs nationaux ne venaient les délivrer et les transporter là où leurs parents s'étaient repliés.

De telles contraintes n'existent pas à Nakuru bien que, parfois, il puisse aussi s'assécher totalement. Ses eaux, moins chargées, ont permis l'introduction de tilapias, des poissons également apparentés aux perches et très communs dans toute l'Afrique tropicale. Cet apport a bénéficié aux pélicans qui, depuis, ponctuent de blanc la nuée rose des flamants qui en festonne les rives, de part et d'autre d'un horizon bleuté.

Les impalas sont une des plus gracieuses antilopes de la savane. Ils sont capables de faire des sauts impressionnants, jusqu'à 3 mètres de haut et 11 mètres de long.
Les buffles femelles et leurs jeunes vivent en petits groupes.
Entre 1 et 2 ans, les petits mâles quittent leur mère et se regroupent avec d'autres jeunes taureaux, tandis que les jeunes femelles restent dans leur troupeau de naissance.

Le cobe Defassa a un pelage long et imprégné d'une sécrétion très grasse et odorante qui l'imperméabilise. Sa croupe est marquée d'une large tache blanche. Il vit dans les régions plutôt boisées comportant un point d'eau ou dans les marécages.
Page de gauche :
L'aigle huppard se reconnaît par les plumes en forme de crête qu'il a sur le crâne.

L'altitude moyenne du massif des Aberdare dépasse 3000 mètres d'altitude.
Là vit une grande variété d'animaux sauvages dont des espèces forestières très intéressantes.
Page de droite :
Le Mt Kenya est le second sommet d'Afrique avec 5189 m pour le pic Nelion.
Comme le Kilimandjaro, le massif est d'origine volcanique.
L'ascension du Mt Kenya est en général simplement celle du pic Lenana qui culmine à 4986 m.

LES ABERDARE

En 1883, Joseph Thompson fut doublement inspiré lorsqu'il donna au massif des Nyandaraus le nom du président de la Société royale de Géographie, Lord Aberdare, qui avait commandité sa mission d'exploration. En effet, ces montagnes situées à une centaine de kilomètres au nord de Nairobi, offrent des paysages peu conformes à l'idée que l'on se fait de l'Afrique tropicale.

Les forêts du piémont sont assez classiques mais, au fur et à mesure que l'on monte en altitude, une brume légère s'accroche aux branches squelettiques des bruyères géantes, frangées de guirlandes d'usnée pour créer un décor fantasmagorique. Au-delà de 3 000 m, la végétation rase du plateau ne serait pas sans rappeler la lande des hautes-terres d'Ecosse si elle n'était parsemée de lobélies et de séneçons géants ressemblant à de colossales salades romaines. En revanche, la fraîcheur du climat et la pluviosité sont typiquement écossais. Une illusion encore renforcée par les nombreux pêcheurs au lancer qui, revêtus de cirés, traquent la truite

Vers 3000 m d'altitude apparaissent les séneçons et les lobélies. Celles-ci forment de hautes hampes florales aux fleurs bleues dissimulées sous les feuilles. Les séneçons ressemblent à des choux montés trop vite. Ils fleurissent à intervalles irréguliers, après un stress par exemple.
Ces deux plantes sont de la même famille que les marguerites et les pissenlits de la flore européenne. Ici, l'échelle de taille n'est pas la même!

Les randonneurs de moyenne montagne trouveront des terrains très favorables sur le Mt Kenya ou dans les Aberdare.
La flore équatoriale d'altitude y est particulièrement intéressante.
Les Aberdare sont aussi réputés pour la pêche à la truite. Mais dans tous les cas, attention aux lions !
Page de droite :
Dans les forêts d'altitude, les usnées drapent les bruyères arborescentes de leur longue chevelure.

brune le long des rivières torrentueuses. Mais l'Afrique demeure toujours présente, notamment avec les lions qui semblent apprécier les lieux. Beaucoup d'entre eux proviennent d'élevages que suscita l'exemple de Joy et George Adamson. Mais ces fauves n'ont pas la douceur d'Elsa. Ils semblent, au contraire, réunir la férocité de la bête sauvage à l'effronterie de l'animal qui a perdu la crainte de l'homme à son contact. Le résultat en est des accidents de plus en plus fréquents. Curieusement, cet habitat forestier, a entraîné, chez d'autres félins, des cas de mélanisme. Ainsi les Aberdare sont connus des zoologistes pour leurs servals noirs. La silhouette de ce chat sauvage est déjà étrange. Il est en effet si haut sur pattes que le reste du corps paraît disproportionné. Partout ailleurs, ses congénères possèdent un pelage doré, apte à se confondre avec les herbes sèches de la savane, alors qu'ici il se revêt souvent d'une robe couleur de nuit. Il existerait aussi, paraît-il, des panthères noires mais elles se laissent si rarement apercevoir qu'elles appartiennent peut-être à la légende des lieux.

Le parc de Tsavo est divisé en deux parties, de part et d'autre de la route qui mène de Nairobi à Mombasa. Ici une des entrées de Tsavo Est.

PARC NATIONAL DE TSAVO

Tsavo, l'empire des lions et des éléphants, domaine des deux plus grandes dynasties de la savane dont les royaumes, comme ceux des hommes, ont subi les assauts du temps et les aléas de l'histoire. Avant même les Kikuyus ou les Masaïs, les fauves se sont heurtés au monde moderne et à l'envahisseur blanc. Dans les lodges, à la veillée, il se trouve toujours quelqu'un pour raconter la terrible histoire des lions du Tsavo. C'était en 1896, lorsque débuta la construction de la voie ferrée qui devait relier la côte à l'Ouganda où la Couronne britannique désirait affirmer ses positions vis-à-vis de l'Allemagne impériale et impérialiste. Bien que vivement controversé par l'opinion publique qui l'avait surnommé *The Lunatic Express*, le projet avait fini par être accepté. Pour le chantier, près de 30 000 manœuvres indiens avaient été embauchés et installés dans des camps itinérants qui suivaient l'avancement de la ligne. Les premières attaques commencèrent, deux ans plus tard, au voisinage du village de Tsavo, à environ 200 kilomètres

Les Chyulu Hills dans Tsavo Ouest sont l'une des plus jeunes chaînes volcaniques du monde. Sa formation se serait achevée il y a seulement quelques centaines d'années.

• Mzima, l'hippo-pool •

Parallèle à la route et à la voie ferrée qui séparent Tsavo-Est de Tsavo-Ouest, la chaîne des Chyulu Hills est l'une des preuves les plus récentes de l'activité tellurique de la région. Ce chapelet de volcans avortés culmine à plus de 2 000 m et capte la pluie des moussons. L'eau, qui chemine à travers les basaltes, a conservé toute sa limpidité lorsqu'elle alimente les Mzima Springs, célèbres pour les hippopotames et les crocodiles qui les fréquentent. D'ordinaire, ces animaux amphibies ne laissent apercevoir que leurs yeux et leurs narines affleurant à la surface d'eaux boueuses. Là, les ondes sont si claires qu'il est possible d'en voir le fond. Une chambre souterraine a été aménagée, permettant de contempler les hippopotames évoluant, en état d'apesanteur, avec la grâce inattendue de ballerines filmées au ralenti.

Femelles Petit koudou.
Ci-dessus et pages précédentes :
Les éléphants de Tsavo en s'arrosant de poussière prennent souvent une belle teinte rouge orangée, couleur du sol.

de Mombasa. A la nuit tombée, des lions pénétraient dans les villages de toile et emportaient un ou plusieurs hommes. De jour, aucun chasseur, même le plus téméraire, n'osait les traquer dans l'épaisse végétation de la brousse. Restaient les affûts de nuit. En dépit de toutes les embuscades qui leur furent tendues, les mangeurs d'hommes déjouaient les pièges qui leur avaient été tendus et, chaque soir ou presque, faisaient de nouvelles victimes là où ils n'étaient pas attendus. En dix mois 28 coolies indiens avaient été enlevé, ainsi qu'un nombre d'Africains sans doute bien supérieur mais qui ne fut jamais comptabilisé. Quelques lions furent abattus, sans pour autant supprimer les enlèvements. L'émoi fut à son comble quand, à Kima, une famille entière de colons britanniques se fit dévorer sous sa tente. Devant l'incapacité des professionnels à régler le problème, Charles Ryall, superintendant des chemins de fer à Mombasa, décida d'intervenir lui-même. Il embarqua dans le train et, son fusil sur les genoux, s'installa dans un compartiment dont il laissa la porte ouverte. L'attente fut

longue, si longue qu'il s'était endormi lorsqu'un lion sauta dans le train. Le courageux mais bien imprudent cheminot fut saisi à la gorge et n'eut pas le temps de se servir de son arme. Dans la lutte la porte du compartiment se referma, donnant le temps à deux représentants de commerce qui se trouvaient dans le même wagon, de s'enfermer dans les toilettes. Lorsque le train arriva en gare, il ne restait que du sang sur la moleskine des banquettes, le lion avait emporté sa victime en sautant par la fenêtre !

Si par la suite les lions se firent beaucoup plus discrets, beaucoup plus récemment il n'en fut pas de même des éléphants. Bénéficiant de la protection du parc national ils profitèrent tant et si bien de leur tranquillité qu'à la fin des années 1960 ils étaient plus de 20 000 dans les limites de l'aire protégée. Sachant qu'un éléphant adulte consomme, chaque jour, de 150 à 200 kg d'herbes, de feuillages, de racines, d'écorces ou de branches, cette population excessive provoqua l'érosion rapide du couvert végétal.

Les charges du buffle sont très dangereuses; les individus solitaires sont d'autant plus agressifs que ce sont généralement de vieux mâles chassés du troupeau.

Les autruchons suivent leur mère de très près. En cas d'alerte, ils s'éparpillent dans toutes les directions avant de se plaquer au sol en tentant de passer inaperçus pendant que l'adulte joue le blessé pour éloigner les prédateurs.

Dans Tsavo Est, la rivière Galana traverse des paysages enchanteurs. Ses berges sont bordées de papyrus et de palmiers.
Elle est peu fréquentée par les animaux. Seuls les crocodiles ou les hippopotames sont facilement visibles.
Pages suivantes :
En saison sèche, les buffles sont obligés de venir boire dans les mares comme celle qui se trouve près de la lodge de Voï.
Le buffle doit boire de 30 à 40 litres d'eau par jour et il adore aussi se vautrer dans la boue.

Il se posa alors, pour la première fois et de manière cruciale, la question du contrôle des effectifs et l'éventualité d'un abattage sélectif qui souleva une vaste polémique dans les milieux de la conservation. Finalement, il fut décidé de laisser faire la nature. Ce dont elle ne se priva pas et au-delà de toutes les prévisions. En effet, les années de sécheresse qui suivirent ne firent qu'amplifier le phénomène et, bientôt, la brousse se joncha de milliers de cadavres d'éléphants gisant parmi les arbres qu'ils avaient renversés pour en atteindre les plus hautes feuilles. Et, comme un malheur n'arrive jamais seul, c'est à la même époque que se produisit la brutale recrudescence du braconnage de l'ivoire qui fit tomber le nombre des éléphants, dans tout le Kenya, de 150.000, en 1973, à moins de 20.000 quinze ans plus tard. Des mesures particulièrement énergiques ont fait cesser le massacre et certains secteurs désertiques du Tsavo-Est sont encore aujourd'hui interdits aux touristes pour la protection du milieu naturel et des personnes en raison des bandes de braconniers qui les fréquenteraient toujours.

Par temps dégagé, le parc d'Amboseli offre une vue superbe sur les neiges éternelles du Kilimandjaro. Les nombreux éléphants sont étudiés par des chercheurs américains et principalement par Cynthia Moss.

Parc National d'Amboseli

Amboseli aurait pu être surnommé *Pliocene Park*. En effet, depuis 5 millions d'années ni le paysage, ni la faune, n'ont guère changé. L'immense étendue de savanes herbeuses allant buter contre les pentes du Kilimandjaro couronné de neiges éternelles, les troupeaux d'éléphants cheminant dans le nuage doré de poussière soulevée par leurs pas, les antilopes figées par centaines sous le soleil de plomb, les girafes se profilant sous les parasols d'acacias, les bandes de babouins éparpillés dans les hautes herbes, étaient les mêmes, ou presque, à l'époque à laquelle les ancêtres de l'homme tentaient de se mettre debout. Dans cette région d'Afrique orientale, le temps a suspendu son vol parce que le climat n'y a subi aucune variation. Une telle stabilité a permis aux uns de se maintenir et procuré aux autres la durée nécessaire à leur évolution.

Longtemps auparavant, la forêt équatoriale s'étendait de l'Océan Atlantique à l'Océan Indien. Mais, il y a environ 20 millions d'années, une faille gigantesque s'est ouverte de la Palestine jusqu'à l'embouchure

du Zambèze, créant la mer Rouge sur son passage. De formidables épanchements de lave comblèrent les vallées et recouvrirent les montagnes, tandis que des volcans surgissaient et que de nouveaux reliefs s'édifiaient, faisant obstacle aux vents des moussons. Hormis quelques îlots résiduels, la forêt ne se reconstitua qu'en altitude, sur les versants les plus arrosés. Partout ailleurs, les graminées et les épineux s'installèrent pour créer un paysage très voisin de celui d'aujourd'hui, même s'il fut à maintes reprises reconstruit lors des nombreux épisodes volcaniques qui suivirent. Les herbivores de la zone saharienne, alors verte, colonisèrent ce nouveau territoire, accompagnés de leurs prédateurs et commensaux. Les ancêtres de l'homme, chassés de leur paradis forestier furent, en revanche, contraints de s'adapter à ce nouveau milieu.

La métamorphose fut lente. C'est au Kenya et en Tanzanie qu'ont été retrouvés la plupart des indices qui ont permis de retracer ce que fut la grande aventure humaine. Aux australopithèques, largement répartis depuis l'Éthiopie méridionale jusqu'en Afrique du Sud, succéda le

Amboseli est relié à Tsavo Ouest par 130 km de pistes parfois extrêmement poussiéreuses.

L'éléphant repose très souvent sa trompe sur une de ses défenses. Ce sont à la fois des outils qui servent à arracher les écorces, à forer des puits ou à déterrer des racines et des armes dans les combats. Le bébé éléphant, les premiers jours, ne s'écarte pratiquement pas de sa mère. Le passage répété des gnous ou du bétail en file indienne creuse des pistes dans le sol.
Page de droite :
Les éléphants passent beaucoup de temps dans les marais d'Amboseli en saison sèche.

Les éléphants vivent en groupes composés de femelles adultes apparentées et de leurs jeunes; chacune de ces familles est conduite par la plus âgée des femelles appelée matriarche.
Les femelles d'un groupe ne se quittent pas toute leur vie durant, et les liens entre elles sont très forts. Les jeunes mâles sont exclus de leur troupe de naissance vers 12 ans.

premier *Homo*, dit *habilis* car il était supposé déjà fort adroit dans la fabrication des outils. Des fossiles datant de 1,8 million d'années en furent découverts tout d'abord dans le nord de la Tanzanie, à moins de 200 km d'Amboseli, puis au Kenya près du lac Turkana. Cent mille ans plus tard, toujours aux environs du lac Turkana, apparut son héritier *Homo erectus*, l'homme debout. Cette nouvelle espèce, à l'évidence, ne se contenta pas de se tenir droite car ses traces ont été retrouvées dans toutes les régions méridionales de l'Ancien Monde, jusqu'à Java où il fut qualifié prématurément de "pithécanthrope", le singe-homme, ou homme-singe ce qui n'est pas mieux. C'est lui, en effet, qui inventa les outils fonctionnels et les vêtements, apprit à construire des huttes en branchages, ou des tentes avec des peaux de bêtes, et qui fut le premier à donner les preuves d'une spiritualité dans ses rituels funéraires.

Amboseli donne une image de ce que fut le berceau de l'humanité et des contraintes auxquelles durent faire face nos lointains ancêtres. Dans la hiérarchie des prédateurs et de leurs proies, ils devaient se situer entre

les chacals et les hyènes, c'est-à-dire qu'ils devaient parvenir à s'imposer aux premiers tout en se gardant des secondes. Dans cette plaine où le regard porte à des kilomètres, il est relativement courant d'assister à une chasse de lion ou de guépard.

Chez les lions, ce sont généralement les femelles qui traquent et tuent le gibier tandis que les mâles attendent que le repas soit prêt à consommer. Lorsque toute la bande est repue, elle cède la carcasse aux charognards qui patientaient alentour. Il est probable que c'est également cet instant qu'attendaient nos ancêtres pour assouvir leurs penchants carnivores qu'ils assuraient plus difficilement seuls. Lors d'une étude menée dans différents parcs kenyans, deux anthropologues américains ont tenté de prouver cette hypothèse en se nourrissant exclusivement, durant deux semaines, des restes qu'ils avaient disputés aux chacals et aux vautours après des chasses dont ils avaient été les témoins. Il est vrai qu'avec un peu d'attention, il est relativement facile de connaître le territoire d'une bande de lions, de savoir quelle est la lionne qui mène le plus

C'est dans les marais que se réfugient les éléphants malades ou trop âgés pour mâcher une autre nourriture.
Lorsqu'ils meurent, les ossements disparaissent au fond de l'eau ou sont dissimulés dans la végétation. Il suffit d'un assèchement pour que l'on trouve ensuite une concentration plus importante de squelettes qu'ailleurs.
Cela a sans doute contribué à créer la légende des cimetières d'éléphants.

Page de gauche :
L'aigrette se salit les plumes en plongeant la tête dans des eaux plus ou moins boueuses. Elle fabrique avec certaines de ses plumes une sorte de «shampooing à sec» pour se nettoyer. L'oiseau étale avec son bec cette poudre absorbante et l'ôte ensuite avec le doigt médian de chaque patte qui est muni d'une sorte de peigne.

La grue couronnée en parade peut effectuer des figures comportant des bonds jusqu'à 2,5 m de haut. Les Masaï ont intégré ces parades à leurs danses rituelles.
Le héron garde-bœuf vit principalement associé avec des herbivores comme les buffles ou les éléphants. Il se nourrit des insectes et des petits animaux dérangés par les déplacements de ces animaux.
Le tantale est une cigogne qui se nourrit en marchant dans les eaux calmes, le bec dans l'eau.
Dès qu'il touche une proie, l'oiseau détend son cou et son bec la happe.

Les babouins jaunes sont présents dans Amboseli. Les jeunes d'une même tranche d'âge jouent ensemble sous l'œil attentif des adultes toujours prêts à intervenir.
Pages précédentes :
L'ibis falcinelle est l'une des nombreuses espèces qui vivent dans les marais d'Amboseli. Les ibis sont des échassiers caractérisés par un bec long et mince, recourbé vers le bas. Le plus connu d'entre eux est l'ibis sacré qui était honoré dans l'Égypte antique.

souvent la chasse et de la surveiller, à distance respectueuse.

Les guépards ne devaient pas être plus faciles à côtoyer car les premiers hommes, de taille chétive, ne pesaient pas plus lourd devant eux qu'une petite gazelle de Thomson. Il n'est donc pas certain que le risque en ait valu la peine. D'autant que leurs proies étant de plus petite taille, le plus souvent ils n'en laissent rien.

En fait, pour savoir quelles furent les aliments du premier âge de l'humanité, il aurait été plus simple d'interpréter, en fonction du milieu, les cueillettes des Bochimans du Botswana, ou celle des Pygmées du Congo. Il aurait pu en être déduit que les protéines animales étaient essentiellement fournies par des insectes ou des larves de scarabées trouvées dans le bois mort, des petits mammifères, des lézards ou des serpents tués d'un jet de pierre ou d'un coup de bâton, des pontes ou des nichées d'oiseaux nichant à terre, etc. Toutes ces ressources se trouvent en abondance dans les savanes de tout l'Est africain.

Dans un tout autre domaine, d'intéressantes recherches ont été réalisées

Le secret de la survie des jeunes herbivores est dans leur rapidité à pouvoir trotter et galoper après la naissance.
Le jeune zèbre et sa mère sont inséparables jusqu'au sevrage, vers 6 ou 7 mois.

à Amboseli au sujet du comportement social des éléphants. Par exemple, le signal de rassemblement ou de dispersion des grands troupeaux, tels qu'ils sont observés de temps à autre, relevait du mystère jusqu'à ce que soit découverte la gamme de leurs moyens de communication. Les barrissements sont l'un des éléments typiques du paysage sonore traditionnel de la brousse africaine. Il faut les approcher de beaucoup plus près pour s'apercevoir qu'un groupe émet, à certains moments, un étrange concert de borborygmes qui ne provient pas d'une digestion difficile mais d'un témoignage d'adhésion à la communauté réunie.

Récemment, la biologiste Kate Payne a découvert que les éléphants disposaient également d'un moyen de communication à longue distance, dans un registre comparable et tout aussi efficace que celui des baleines. Il s'agit d'infra-sons, émis à de si basses fréquences qu'ils sont inaudibles aux oreilles humaines. Pour les entendre, il est nécessaire de les enregistrer sur une bande magnétique, qu'il faut ensuite faire défiler à une vitesse dix fois supérieure à la normale. D'une puissance de 85 à 90

décibels, la "voix silencieuse" des éléphants porte facilement à une dizaine de kilomètres, surtout à Amboseli où aucun relief ne fait obstacle à leur propagation. Les messages n'ont pu être décodés mais pas moins de 25 signaux différents ont été identifiés. Ainsi, probablement, les troupeaux du Serengueti, en Tanzanie, ne cessent de converser avec leurs congénères du Kenya. Il n'est pas non plus exclu que certaines informations soient relayées, de proche en proche, encore plus loin. Au Zimbabwe, par exemple, où des abattages administratifs ont lieu régulièrement pour réguler les populations en surnombre, l'agitation et l'inquiétude dont témoignent des groupes très éloignés du théâtre des opérations tendraient à prouver qu'ils en ont eu connaissance. En Centrafrique, au contraire, les effectifs de l'espèce paraissaient être tombés au plus bas jusqu'à ce que l'interdiction du commerce international ait entraîné une chute du braconnage. L'information dut être transmise, car en quelques années de grands troupeaux y ont fait leur réapparition, comme par miracle.

Chaque zèbre a des rayures différentes ce qui permet de les différencier les uns des autres à la manière des empreintes digitales.

Le pélican est un oiseau très grégaire. C'est l'une des rares espèces d'oiseaux à pratiquer la pêche en groupe. Les individus se déplacent en ligne, puis, progressivement, les extrémités de cette ligne se referment et ils plongent tous ensemble le bec dans l'eau pour capturer les poissons enfermés dans cette sorte de nasse. Leur large bec tient le rôle de filet. Contrairement à une idée reçue, les pélicans ne transportent pas de nourriture dans la poche de leur bec.

LAC VICTORIA

Vu de l'espace, le chapelet lacustre du double rift d'Afrique orientale semble composer une parure au lac Victoria, qui en est le plus grand et le plus beau joyau, serti au cœur du plateau central à plus de 1100 m d'altitude. S'étendant sur 62 000 km^2, c'est la deuxième plus grande réserve d'eau douce du monde. Lorsque John Speke, en 1858, atteignit les rives méridionales du "Nyanza d'Oukéréoué" et qu'il identifia dans son exutoire, l'Akagera, la plus haute source du Nil, sa découverte ne mit pas fin à un mythe millénaire mais le fit entrer dans la réalité. Hérodote, Néron, Ptolémée, et bien d'autres s'étaient tour à tour interrogés sur l'origine du Père des Fleuves. Très tôt, il avait été présumé qu'il était issu de grands lacs, situés très loin au Sud, dans les régions mystérieuses des "confins du ciel". Ces doutes se basaient certainement sur les récits de ces voyageurs isolés qui, à toutes les époques et dans toutes les régions du monde, furent les pionniers involontaires de la géographie car leurs exploits, sans lendemain, n'étaient dus qu'au hasard.

Les premiers étrangers à connaître ces contrées reculées, furent une fois encore les Arabes de la côte swahilie. Lors d'une première expédition, Burton et Speke avaient croisé déjà à maintes reprises les sentiers de la traite qu'ils décrivirent comme "fréquentés par des armées de brigands qui, le sabre ou la lance au poing, investissaient les villages, les pillaient, les incendiaient et prenaient les femmes et les enfants pour ensuite les vendre à la première caravane qui passait". L'esclavage était alors à son paroxysme et les craintes qu'il suscitait parmi les populations n'avaient d'égal que l'avidité des chefs locaux habitués aux libéralités des trafiquants qu'ils pourvoyaient. Aussi, dans leurs mémoires, les deux explorateurs donnèrent davantage de détails sur les difficultés qu'ils rencontrèrent tout au long de leur route, pour négocier leur passage, que sur les paysages qu'ils traversèrent. Aujourd'hui encore, pour quiconque arrive au bord du lac Victoria, la ressemblance des bateaux de pêche avec les dhows de la côte tendrait à prouver l'ancienneté de la présence arabe sur ces rivages.

Quand l'aigle pêcheur repère une proie dans l'eau, il s'approche en planant, la ramasse dans ses serres et regagne son perchoir. Il consacre dans l'ensemble peu de temps à cette activité et aime se livrer à la piraterie, attaquant et dévalisant les pélicans, les hérons, les martins-pêcheurs et même d'autres rapaces. Son cri est très caractéristique.

Pages suivantes :

L'hippopotame, le cheval du fleuve comme l'appelait les Grecs, passe la majeure partie de son temps dans l'eau. Bizarrement, il ne mange pourtant que très peu de plantes aquatiques alors qu'elles sont abondantes dans les régions où il vit. Il attend la nuit pour sortir sur la terre ferme se nourrir d'herbes. Il en faut à un adulte près de 50 kg par 24 heures.

Plus un hippopotame baille largement, plus il occupe une place importante dans son groupe. Seuls les mâles dominants ouvrent la mâchoire à 150°. Les canines atteignent chez certains d'entre eux 60 cm de long et 3 kg.
Page de droite :
Le lac Victoria est le plus étendu d'Afrique. Dans les années soixante, les perches du Nil ont été introduites dans ses eaux et les espèces indigènes de tilapias ont disparu.

De nos jours, Kisumu a exorcisé les fantômes du passé en devenant la troisième ville du Kenya. Paradoxalement, la ville en est également le premier port de pêche, avec 90 % de la production nationale. Les eaux douces du lac ont toujours été très poissonneuses. Malheureusement, des économistes ont voulu développer ce secteur en introduisant des perches du Nil. Cette espèce carnivore n'avait cependant jamais réussi à remonter les fleuves et les rivières jusqu'à ces altitudes. Des essais avaient été tentés, sans succès, dans les années 60. L'expérience en serait restée là si les grands bailleurs de fonds internationaux ne lui avaient fourni les moyens de réussir. L'opération fut menée au mépris des règles de l'écologie et des coutumes alimentaires. Les perches parvinrent à s'acclimater, tant et si bien qu'elles anéantirent les espèces locales dont certaines n'existaient que là. Plus grave, les Luos, qui se nourrissaient principalement de tilapias, ont vu leur pêche péricliter au profit des perches qu'ils n'apprécient guère. Actuellement, les perches du Nil font l'objet d'exportations dont le bénéfice ne profite qu'à quelques grandes compagnies.

Village Masaï (Manyatta) vu d'ULM. Les huttes sont construites avec des branches enduites d'un mélange de boue et de bouse de vache. Ces habitations sont disposées de façon circulaire autour d'un enclos central, parfois compartimenté, où le bétail passe la nuit. Des barrières de branches épineuses les protègent des animaux sauvages.

RÉSERVE DE MASAÏ-MARA ET PAYS MASAÏ

Aujourd'hui, les Masaï ont été cantonnés dans la région la plus méridionale de la vallée du Rift qu'ils occupaient autrefois jusqu'au mont Kenya. Au siècle dernier, leur influence débordait largement ce territoire et les explorateurs européens se heurtèrent souvent à leur souveraineté ombrageuse. La description qu'ils en donnèrent et leur apparence actuelle montrent toute l'influence qu'a eu la colonisation sur ce peuple. Le vêtement et plus encore les ornements corporels ont en effet chez eux une importance fondamentale, dans la mesure où ils définissent l'identité de chaque individu en exprimant, à la fois, sa classe d'âge, son statut social et son appartenance à tel ou tel clan. A l'époque de Thompson et de Speke, les Masaïs étaient encore vêtus de pagnes de cuir et leur parures, autres que les plumes et les morceaux de fourrure encore en usage, étaient en fer. Ainsi, les jeunes filles ne portaient pas encore la superposition de colliers, qui leur fait aujourd'hui une large collerette, mais de lourds

bracelets aux chevilles afin, paraît-il, de les empêcher de s'enfuir. Cependant, ils possédaient déjà quelques colliers de perles, obtenues en échange du droit de passage des caravanes arabes.

A la fin du XIXe siècle, la peste bovine, conjuguée à des années de sécheresse, déstabilisèrent leur société qui, d'une part, ne sut résister à la pression de leurs voisins bantous qu'ils avaient si longtemps opprimés, tandis que, d'autre part, les tribus rivales sombraient dans des guerres fratricides. Affaiblis et menacés, les Masaïs furent les premiers à accepter le protectorat britannique. Par ce renoncement, ils obtinrent des perles à profusion mais, dès lors, ils perdirent la liberté de nomadiser à leur gré sur leurs anciens territoires, un droit auquel il fut sans cesse apporté de nouvelles restrictions et qui leur est encore contesté de nos jours.

Les jeunes guerriers, les Moranes, conservent un moment le statut d'initiés. Ils chassent de petits oiseaux qui, une fois empaillés, sont fixés sur un cadre qui leur sert de coiffe. D'autres coiffes faites avec des plumes d'autruches servent pendant les danses.

Page de gauche :
Les attributs du guerrier Masaï sont sa lance et son bouclier.

Pages suivantes :
Les danses font partie des cérémonies rituelles des Masaïs. Les jeunes guerriers longilignes exécutent sur place des sauts spectaculaires. Leur chevelure est enduite d'argile rouge.

La richesse d'une famille masaï se mesure au nombre de têtes de bétail. La propriété de la terre n'a aucune importance.
Chaque matin, les bêtes sont réunies en troupeau que de jeunes bergers mènent pâturer dans la savane.
Page de droite :
Les enfants masaïs ont le crâne rasé. Le morane garde ses longues tresses pendant 7 ou 8 ans. Lors de leur passage dans la communauté des anciens, ils se font à nouveau raser la tête. Ils ont alors le droit de se marier.

Aucun autre site du Kenya ne compte autant de lions au km² que la réserve de Masaï-Mara. Les lionceaux jouent sans se soucier des touristes. Le taux de mortalité chez les jeunes est très élevé.
Page de droite :
Chez les lions, en début des amours, il s'écoule à peine dix minutes entre deux accouplements. La fréquence se ralentit ensuite mais sur environ 3 jours, les deux partenaires s'accouplent près de deux cents fois.

Malgré ces avatars, les Masaïs s'efforcent de conserver leur culture. Leur société demeure basée sur le "moranisme". Contrairement à ce que l'on croit, un "morane" n'est pas un guerrier. Le terme vient en effet du mot emurata qui signifie circoncision. Un morane est donc un jeune homme qui n'est plus un enfant, mais pas encore un adulte. A chaque stade de son initiation, correspond une nouvelle coiffure et de nouveaux attributs. La confusion vient de ce que les moranes ont pour tâche d'accompagner les troupeaux lors des transhumances, mais aussi de se procurer de nouvelles têtes de bétail par des razzias chez leurs voisins. L'observance de telles traditions, comme la légendaire chasse au lion, est difficile à maintenir dans un état de droit moderne, mais quelques infractions délibérées et divers substituts parviennent à sauver les apparences.

La condition des femmes, au contraire, n'a guère changé. L'un des mythes fondateurs raconte que c'était elles qui, à l'origine, possédaient le pouvoir et la gestion des troupeaux, mais qu'elles perdirent

Page de gauche :
Les scènes de tendresse entre la mère et son petit sont rares chez la girafe. L'instinct maternel de cette espèce ne semble pas très développé. Le bébé n'a pas besoin de téter souvent car le lait de sa mère est très riche.

La hyène tachetée est capable de broyer les os les plus durs. Les seules parties d'une proie qu'elle ne peut pas digérer sont les cornes, les sabots, des morceaux d'os et de poils.
La femelle guépard élève seule ses petits. Le mâle ne la rejoint que pour l'accouplement. A un mois, les jeunes ont encore leur superbe crinière blanche qu'ils perdent vers 3 mois.
Pages suivantes :
Les rivières Mara et Talek sont bordées d'une longue forêt-galerie comportant de grands acacias. Hippopotames et crocodiles y sont nombreux.

Lors de leur grande migration annuelle, une multitude de gnous rejoignent les rives de la rivière Mara. Les premiers arrivants hésitent à traverser et cherchent à faire demi-tour dans la bousculade et la panique. Mais l'immense vague des suivants les submerge et les enfonce dans l'eau ou dans la boue, les poussent contre les berges abruptes. Beaucoup meurent étouffés ou piétinés dans un concert de meuglements déchirants.
Page de droite :
Les cornes du rhinocéros noir sont formées de kératine, comme les ongles et les cheveux de l'homme et n'ont pas de support osseux. Ces pachydermes broutent les rameaux, les feuilles et les écorces des buissons qu'ils attirent à eux en se servant de leur lèvre supérieure préhensile.

l'un et l'autre par leur sottise et leur négligence. Leur statut subalterne n'est toutefois pas dénué d'importance et de libertés.
Elles sont en effet les gardiennes des villages, dont elles construisent et entretiennent les cases, mais aussi les garantes de l'ordre social en y régissant la vie quotidienne. Elle entretiennent le feu, qui ne doit jamais s'éteindre, traient les vaches et en distribuent le lait. Dès leur puberté, les fillettes peuvent se choisir un amant qu'elles garderont jusqu'à leur mariage. Adolescentes, elles sont excisées et immédiatement mariées. Par la suite, elles peuvent encore prendre des amants, à l'unique condition qu'ils soient de la même classe d'âge que leur époux et que la liaison demeure suffisamment discrète pour ne pas constituer une offense publique.
Les régions qu'ils occupent, de part et d'autre de la frontière entre le Kenya et la Tanzanie, ne sont également que peu transformées. Seuls leurs rapports avec la faune diffèrent. L'exemple donné par Masaï Mara et Amboseli pose le problème des politiques de gestion

des ressources naturelles. Depuis toujours Masaï Mara a été considéré comme l'un des hauts lieux de la nature au Kenya, sinon le plus beau. Or, depuis peu, encouragés par des politiciens contestataires, les Masaïs empiètent de plus en plus, avec leurs troupeaux, sur cette réserve pourtant placée sous leur juridiction. La véritable cause de ces déprédations est que le revenu provenant des droits d'entrée est très mal réparti. A Amboseli, au contraire, les bénéfices du parc national, géré par l'administration kenyane sont largement reversés aux populations masaïs riveraines qui, ainsi, peuvent limiter le nombre de leurs têtes de bétail.

La dégradation de Masaï-Mara est d'autant plus regrettable que cette région est, tous les ans, le théâtre d'un phénomène comme il n'en existe nulle part ailleurs en Afrique. Au mois de mai, des centaines de milliers de gnous, d'antilopes et zèbres quittent les plaines du Serengueti, en Tanzanie, pour venir sur les verts pâturages de Masaï-Mara. Ces cohortes voyagent en longues files parallèles qui s'étirent parfois sur plusieurs dizaines de kilomètres, dans le roulement de tonnerre du martèlement de millions de sabots. Les pistes qu'ils empruntent sont si profondément marquées que, vues d'avion, elles font ressembler le sol à la peau craquelée d'un éléphant. Harcelés par les prédateurs, rien n'arrête la lente progression si ce n'est le passage de la rivière Mara. Les rives, avivées par les crues, forment un obstacle devant lequel les premiers hésitent mais, poussés par ceux qui les suivent, ils finissent par tomber les uns sur les autres tandis que le flot continue d'avancer. A chaque fois, des milliers de bêtes meurent noyées ou piétinées sans que pourtant, l'année suivante, elles soient moins nombreuses. Ainsi en est la Vie, depuis toujours, mais pour combien de temps encore ?

Les boules de feu, de la famille des lys, apparaissent avec les premières pluies. Elles parsèment les plaines de touffes flamboyantes.
Page de gauche :
Le jabiru est la plus grande des cigognes africaines. Il se nourrit de poissons et de grenouilles et il lui arrive de jeter sa proie en l'air avant de l'avaler.

Kericho, le pays du thé

Les Britanniques ont également laissé leur empreinte sur les paysages qui bordent les rives orientales du lac Victoria. Autour de Kericho, d'immenses plantations de thé tapissent les collines d'une peluche vert-de-gris qui s'étend à perte de vue.

A l'arrivée des premiers Européens, la forêt tropicale recouvrait pratiquement toute la région de Kericho, près de Lac Victoria. Maintenant toutes les collines sont couvertes de petits arbustes à feuilles brillantes, du thé. C'est un très important centre mondial de production.

Ce curieux aspect vient de ce que les arbustes sont élagués en permanence, car ce sont les feuilles terminales qui sont récoltées régulièrement tous les huit ou dix jours.

A l'état sauvage, le théier est un arbre qui, apparenté aux camélias, peut atteindre sept à huit mètres de haut. Cultivé en Chine depuis des millénaires pour ses vertus fortifiantes, il fut introduit dans tous les pays d'Asie du Sud-Est. En Inde et au Sri Lanka, les Anglais en ont si bien développé la culture qu'aujourd'hui ces deux pays sont les plus importants exportateurs. Très tôt la Compagnie des Indes Orientales s'en était assuré le quasi monopole. Bien peu se souviennent qu'en 1773, lorsque le *Tea Act* augmenta considérablement les droits sur cette denrée particulièrement appréciée du monde anglo-saxon, les mouvements populaires qui suivirent marquèrent le début de la guerre d'Indépendance des États-Unis. Aussi, n'est-il pas étonnant que les premiers colons britanniques aient immédiatement reconnu dans le climat frais pluvieux du lac Victoria des conditions idéales pour cette culture, véritable pilier de l'Empire.

Le feuillage satiné du théier, d'apparence soyeuse, s'avère au toucher coriace et piquant. A tel point que les femmes qui le récoltent doivent protéger leurs jambes nues d'un tablier de toile cirée. Ce qui ne les empêche pas de s'y écorcher les doigts. La préparation des feuilles est ensuite assez simple. Après séchage au soleil durant une vingtaine d'heures, elles sont roulées et hachées. A ce stade, un séchage à l'air chaud durant une quarantaine de minutes donne du thé "vert". Pour obtenir du thé "noir", les feuilles roulées et hachées sont mise à fermenter dans des silos chauffés durant quelques heures.

Dans les grandes plantations de Kericho, la main d'œuvre est en majorité luo. Mais depuis un peu plus de vingt ans cette culture s'est décentralisée et les Gusiis, agriculteurs bantous, fournissent désormais près de la moitié de la production du pays sur de petites parcelles.

LE NORD DÉSERTIQUE

Voyager vers le Nord, c'est remonter le temps. En bien des endroits, le paysage évoque les premiers matins du monde, lorsqu'il n'y avait encore que le soleil, le ciel et la terre.

Dans tout le pays, on rencontre des hommes et des femmes se déplaçant sur les routes ou les pistes. Beaucoup n'hésitent pas à faire 50 ou 100 km à pied. C'est le moyen de transport le plus économique et parfois… le seul qui existe.

Sur le sol de lave nue, même les euphorbes ne peuvent prendre racine. Puis, au détour d'une crête, la vie réapparaît. Une bourrasque balaye la plaine et fait vibrer un bouquet d'acacias rabougris. Bien qu'il n'y ait pas d'oiseau en vue, une stridulation ténue rompt le silence. Ce sont les acacias-siffleurs. A la base de leurs épines, une grosse vessie est percée d'un trou minuscule par des fourmis qui s'y installent. L'arbre leur fournit le gîte et le couvert, en échange de quoi les insectes le protègent de tout animal qui serait tenté de brouter ses feuilles. Lorsqu'elles quittent leur abri pour un autre, la loge vide se transforme en sifflet.

Dans ce décor aride, le lac Turkana apparaît comme un joyau iridescent, ce qui lui valu d'être appelé la "mer de Jade". Ses changements de couleur ne suivent pas l'humeur de quelque divinité ombrageuse mais varient au gré des caprices de la météorologie qui modifient les concentrations d'algues microscopiques qui prolifèrent dans ses eaux.

Un des moyens de rejoindre le lac Turkana, la «Mer de Jade», est de traverser le désert de Chalbi. Le sol argileux, dur comme la pierre s'étend à l'infini.
Sur les bords du lac, la température dépasse parfois 50 °C.
Le lac est approvisionné au nord par la rivière Omo.
L'évaporation y est très forte et il a une très forte salinité. Son niveau baisse dangereusement et il est condamné à disparaître si le régime des pluies ne change pas.

Les Rendilles sont une tribu qui a son origine en Somalie.
Ils vivent en nomades au sud-est du lac Turkana.
Les conditions de vie sont difficiles dans cette zone semi-désertique.
Les chameaux leur procurent du lait et de la viande.

EN BREF

A peine plus grand que la France avec 582 644 km^2, le Kenya présente une grande diversité de paysages : des déserts aux forêts tropicales en passant par les savanes jusqu'aux neiges éternelles des hauts sommets. La surface habitable ne dépasse pas la moitié de la superficie totale. Le Kenya est bordé à l'est et au nord-est par l'Océan Indien et la Somalie, au nord par l'Éhiopie et le Soudan, à l'ouest par l'Ouganda et le lac Victoria et au sud par la Tanzanie. Le plus haut sommet est le mont Kenya qui, avec 5199 mètres, est la seconde montagne d'Afrique.
La population est actuellement d'environ 26 975 000 d'habitants. La croissance démographique est proche de 4 % par an et elle devrait atteindre près de 40 millions en l'an 2010.
Près de 40 groupes ethniques cœxistent. Même si l'exode rural, le tourisme et la volonté politique contribuent à faire baisser le poids des traditions et à uniformiser les cultures, de grandes différences et des rivalités subsistent entre les différentes ethnies.
La langue usuelle est le swahili et la langue officielle l'anglais. De nombreux autres langues ou dialectes sont toujours parlés à travers tout le pays.

PARTIR AU KENYA

Office du tourisme 5 rue Volney 75002 Paris – tel : 01 42 60 66 88
Ambassade et service des Visas 3 rue Cimarosa 75116 Paris – tel : 01 45 53 35 00

Depuis Paris, Air France a cinq rotations par semaine à destination de Nairobi, Kenya Airways une. Des compagnies de charters comme Corsair desservent Mombasa. Sinon, British Airways a des rotations six fois par semaine pour Nairobi via Londres.
La plupart des voyagistes français vous proposent des safaris ou des séjours sur la côte. Des spécialistes de la marche vous emmènent sur le Mt Kenya.
Vous pouvez aussi réserver votre safari sur place auprès des nombreux prestataires locaux. L'un des plus anciens est Abercrombie & Kent. Certains, en plus de safaris traditionnels, offrent des voyages plus spécialisés comme East African Ornithological Safari.

LES FORMALITÉS

• VISA
Le voyageur français se rendant au Kenya doit être en possession d'un passeport valide et faire la demande d'un visa (coût 220 F) qui est valable pour un séjour de 3 mois. Pour les voyageurs venant de Tanzanie par la route, il est possible de l'obtenir à la frontière.
• VACCINATION
Aucun vaccination n'est obligatoire pour aller au Kenya. Toutefois, il est recommandé de se faire vacciner contre la fièvre jaune. Un traitement préventif contre le paludisme est indispensable, particulièrement pour un séjour sur la côte.

Le climat

Le Kenya possède différentes zones climatiques. L'altitude varie du niveau de la mer à un peu plus de 5000 m et le taux d'humidité est très différent selon les régions traversées. La côte est plus chaude et plus humide que les hauts plateaux. Le nord est très sec et très chaud et n'a pas forcément de saison des pluies.
Dans le reste du pays, il y a deux saisons des pluies : d'avril à juin et octobre/novembre (pluies courtes). Les mois de juin, juillet et août sont plus frais que ceux de décembre, janvier et février.
Les inconvénients de la saison des pluies sont certains mais, pendant cette période, les ciels noirs, les lumières d'orage font la joie des amateurs de belle lumière!

Les devises

La monnaie est le shilling kenyan divisé en 100 cents. Il existe des billets de 1000, 500, 200, 100, 50, 20 et 10 shillings ainsi que des pièces de 10, 5 et 1 shilling. 10 Ksh représentent environ 1FF.
Il n'est pas possible de se procurer des shillings en dehors du Kenya. De très nombreuses banques du pays ont un bureau de change.
Vous pouvez venir avec des francs français; il est souvent préférable d'emmener des traveller's cheques pour des raisons de sécurité.
Dans les grandes villes, des distributeurs automatiques permettent de retirer de l'argent avec une carte Visa internationale. Cette carte ainsi que d'autres sont acceptées dans la plupart des grands hôtels mais ne peuvent être utilisées pour payer les entrées dans les parcs nationaux.

Les transports

• Autocar
Les autocars qui assurent des liaisons rapides comme Nairobi-Mombasa sont accessibles aux touristes et peu onéreux mais ils sont plutôt dangereux; les chauffeurs ayant en général une prédilection pour la vitesse.
• Taxis
Les taxis sont nombreux dans les villes. Il ne faut pas oublier de négocier le tarif avant la course. Dans les aéroports, une liste de prix pour l'accès aux différents hôtels est disponible. Les taxis collectifs, les matatus, peuvent être pris pour se déplacer dans les villes ou sur de plus longues distances. Ils sont en général bondés. C'est le moyen de transport local le plus utilisé, le moins onéreux.....mais le plus dangereux.
Ils ne peuvent de toute façon pas être utilisés pour les safaris.

• Avion
Beaucoup de villes ou de parcs nationaux sont desservis par avion, soit par la compagnie nationale, soit par des compagnies privées comme Air Kenya. C'est un moyen très pratique de se rendre dans Masaï-Mara ou sur la côte et en particulier à Lamu dont l'accès par la route n'est absolument pas sûr à cause des shiftas, les bandits de grands chemins.

• TRAIN
Une nuit de train vous mène de Nairobi à Mombasa.
• VOITURE
De nombreuses compagnies de location dont les représentants des grosses compagnies internationales sont présentes à Nairobi ou à Mombasa. Vous pouvez louer des véhicules avec ou sans chauffeur. Pour les safaris, Minibus et Suzuki 4x4 sont les plus demandés. Les compagnies locales ont des tarifs plus intéressants mais attention à l'état du véhicule et à la capacité du loueur à intervenir rapidement en cas de problèmes. On peut citer Market Car Service à Nairobi Fax 33 97 79 qui est une bonne compagnie rapport qualité/prix.

L'HÉBERGEMENT

• LES HÔTELS
Nairobi possède des hôtels de toutes catégories, de la chaîne de classe internationale aux petits hôtels bon marché. Signalons en particulier le Norfolk, le New Stanley, ou le Serena dans la catégorie luxe et le Boulevard (Fax 33 40 71) dans une catégorie plus modérée.
À Mombasa, les touristes ne logent pas dans la ville mais dans les hôtels de la côte. Ceux-ci sont très nombreux et vous n'avez que l'embarras du choix. Ils offrent en général un bon rapport qualité-prix. Donnons une mention particulière sur la côte Nord au Serena, au Severin Sea Lodge.
À Lamu, le Palace hotel situé sur le port est très agréable.
Pour les amateurs de plage, le luxueux Peponi's est très réputé. Sinon, de nombreuses pensions vous accueillent à prix très modérés.
Le Kenya est particulièrement connu pour ses lodges et ses camps de toile dans les parcs. Les tarifs sont relativement élevés si vous y séjournez en individuel.

• LE CAMPING
Il est possible de camper dans les parcs nationaux et les réserves sur des emplacements particuliers. Si vous campez en individuel, n'oublier pas d'emporter de la nourriture et parfois de l'eau car certains camps n'en ont pas.
Il existe des safaris organisés de toutes catégories qui proposent le camping. Il y a des camps luxueux installés avant votre arrivée avec tente pour la douche et service de haut niveau ou des nuits sous tente très» ordinaires». Dans ce cas, demander toujours à vos chauffeurs de laisser un véhicule au camp car ils partent généralement dormir près des lodges.
Certains touristes ont passé des nuits agitées avec les lions grattant les tentes sans possibilité de se réfugier dans les voitures!
Camper est en général une expérience très agréable.

LA CUISINE

On mange plutôt bien au Kenya. Dans les lodges et les hôtels, la cuisine a tendance à être internationale. Dans les grandes ville, les restaurants de cuisine indienne sont souvent réputés comme Minar à Nairobi. Il y a de très bons restaurants italiens sur la côte. La boisson nationale est la bière (Tusker)… et le Coca-Cola..

Les parcs et réserves

Les parcs nationaux sont gérés par le Kenya Wildlife Service, administration centrale. Les réserves dépendent d'autorités locales. Les véhicules ne doivent pas quitter les pistes pour approcher les animaux sauf dans Masaï-Mara.
Il faut compter environ 25US$ d'entrée par personne et par jour dans les parcs nationaux ou les réserves et 10US$ par personne et par jour pour le camping.
Il y a 48 parcs et réserves au Kenya. Les principales sont :

• Réserve de Masaï-Mara

À une altitude moyenne de 1650 m, la plus célèbre des réserves du Kenya est le prolongement du parc du Serengeti en Tanzanie. Sur l'ensemble de cet écosystème vivent et migrent près de 2 millions d'herbivores dont 1,4 million de gnous. Le spectacle de la migration est extraordinaire. L'ampleur de la migration et ses dates varient d'une année à l'autre mais on peut dire que globalement, les gnous traversent la rivière Mara en juillet août et qu'ils quittent la réserve vers le mois de novembre.
Les quantités de prédateurs dans la réserve sont impressionnantes elles aussi et ce, tout au long de l'année. Masaï-Mara comporte plusieurs secteurs très différents en paysages.
On y trouve de grands rassemblements de lions, beaucoup de petits troupeaux d'éléphants, des zèbres, des girafes, des hippopotames, des crocodiles et quantité d'antilopes même quand la migration n'est pas là. Plus de 500 espèces d'oiseaux sont répertoriées.
De nombreux lodges à l'intérieur ou en bordure de la réserve peuvent accueillir les visiteurs comme Mara River Camp, où s'installent beaucoup de photographes professionnels et Governor's camp, le plus ancien des camps de toile de la région.

• Parc d'Amboseli

À 240 km au sud-est de Nairobi, le parc est dominé par le Kilimandjaro. Il abrite des zèbres, des gnous et l'une des plus grosses concentration d'éléphants du Kenya. Le sommet offre un arrière plan unique au spectacle de la vie sauvage mais il n'est pas toujours dégagé ! Le lac et les marais forment un contraste saisissant avec la steppe poussiéreuse qui les entoure. L'avifaune y est particulièrement riche.
Amboseli connaît un certain nombre de problèmes comme des remontées de sels toxiques qui tuent les derniers acacias déjà mis à mal par les éléphants. Les lions quant à eux ont été quasiment exterminés par les Masaïs alors qu'ils étaient nombreux et faciles à voir dans les années 80.

• Parc des Aberdare

Le parc est situé en grande partie à plus de 3000 m d'altitude. Il comporte des forêts pluviales, des forêts de bambous, des landes dégagées et de nombreuses chutes d'eau et rivières. La faune typiquement forestière d'hylochères, de potamochères, de céphalophes de forêts, de guibs et même de servals noirs est particulièrement intéressante mais elle est difficile à voir. Il y a aussi des éléphants, des buffles, des léopards et des lions... mangeurs d'hommes.
Deux lodges très réputés Treetops et The Ark permettent de voir les animaux depuis la chambre ou le restaurant.

• PARC DU MT ELGON

Les éléphants du Mt Elgon ont la particularité de se rendre dans des grottes qui peuvent atteindre plusieurs centaines de mètres de profondeur et d'y creuser à la recherche de sel. Malheureusement, il est très rare de pouvoir les observer. De plus, une étrange maladie est associée à ces grottes ; on a même parlé à leur propos du virus d'Ebola. Dans le parc lui-même, très beau en paysage, on peut voir beaucoup d'espèces forestières et des colobes.

• PARC DU MONT KENYA

Pour découvrir la richesse de la faune du Mt Kenya, il est possible de passer une nuit au Mountain Lodge d'où l'on peut voir les animaux se désaltérer, ou de faire l'ascension du sommet ou simplement de courtes marches mais l'observation des animaux n'est pas garantie. L'ascension du Lenana Pic peut se faire en trois jours. Il faut obligatoirement être accompagné d'un guide. L'ensemble peut être organisé depuis la lodge de Naro Moru River, près de la ville de Nanyuki.
Rappelons que le Kilimandjaro est en Tanzanie et que l'ascension ne peut se faire que de ce pays.

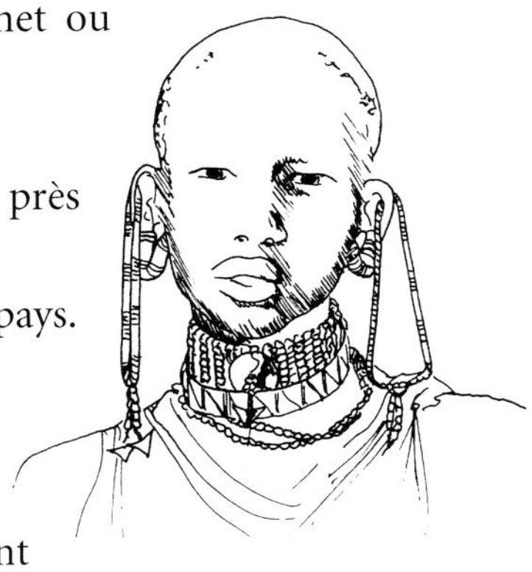

• RÉSERVE DE SAMBURU ET RÉSERVE DE SHABA

Ces réserves mitoyennes sont séparées par la rivière Uaso Nyiro bordée de forêts-galeries avec les célèbres palmiers doum. Le paysage ocre-orangé de steppes arbustives où dominent les acacias est magnifique. Oryx, gérénuks, girafes réticulées, zèbres de Grévy sont nombreux ; ce sont tous des animaux adaptées aux milieux arides.
Varans et crocodiles sont faciles à voir, en particulier à Samburu River Lodge. Éléphants, guépards et léopards sont autant d'autres attraits de même que les 450 espèces d'oiseaux répertoriées.
En allant à Samburu ou en revenant, un arrêt est possible au camp de toile de Sweetwater qui organise des safaris de jour et de nuit sur la propriété.

• PARC NATIONAL DE MERU

En théorie, il est possible de voir de très nombreuses espèces de mammifères dans le parc, à la fois celles adaptées aux milieux arides comme à Samburu mais aussi des buffles et des éléphants. Les paysages y sont splendides et très variés : savanes plantées d'acacias et de baobabs, savanes herbeuses et marécages. Mais le braconnage intensif empêche cette zone d'être un paradis animalier.

• PARC NATIONAL DE MARSABIT

Le parc est très peu fréquenté en raison de l'insécurité qui règne dans cette partie du Kenya. Il était autrefois célèbre pour ses éléphants aux énormes défenses. Mais le braconnage a largement sévi.

• PARC DU LAC NAKURU

La réputation de ce parc est due aux centaines de milliers de flamants roses qui peuplaient les eaux peu profondes du lac. Mais il est en train de s'assécher complètement et les flamants sont de moins en moins nombreux. Par contre, l'introduction et la stricte surveillance de nombreux rhinocéros, des noirs et des blancs, a permis de conserver à ce parc un grand intérêt. Les cobes, les impalas, les phacochères ou les buffles y sont aussi très nombreux. Il est fréquent d'y voir des léopards.

• LAC BARINGO

En bateau, il y a beaucoup d'oiseaux à observer sur le lac de même que des crocodiles et des hippopotames.

• Réserve nationale du lac Bogoria
Le site du lac Bogoria est féerique. Les geysers d'eau chaude, les colonies de flamants et les grands koudous attirent les visiteurs. C'est aussi un bon endroit pour voir des tortues léopard et des aigles des steppes.

• Parc de Tsavo
Ce parc est immense. Divisé en deux zones géographiques, il présente une très grande variété de paysages ; à l'Ouest, des blocs rocheux, des coulées de lave, des collines et des escarpements montagneux, à l'Est, un grand plateau semi-désertique avec plusieurs points d'eau où à la saison sèche, on peut voir les animaux se désaltérer. A moins d'être très chanceux, le voyageur voit beaucoup moins d'animaux que dans Amboseli, Samburu ou Masaï-Mara mais les paysages sont somptueux. Un étonnant caisson permet parfois de voir nager les hippopotames.

• Shimba hills
A une demi-heure des plages du Sud de l'Océan Indien, les collines de Shimba abritent principalement l'hippotrague noire ou antilope des sables.

• Parc national de Nairobi
A moins de 6 km du centre ville, le parc abrite beaucoup d'espèces de mammifères y compris des rhinocéros mais pas d'éléphants. Le parc n'est clôturé qu'à l'Ouest ; les animaux peuvent donc migrer.

La lumière du Kenya

Le Kenya est le royaume incontesté de la grande faune et des gigantesques paysages. Faites comme les animaux, reposez-vous à l'ombre pendant les heures chaudes, pour ne faire des images que le matin et le soir lorsque la lumière est la plus belle. La côte de l'Océan Indien fait exception en partie à cette règle. En effet, pour avoir des couleurs très saturées sur l'eau et les cocotiers, type catalogue de voyages, il faut faire des photos lorsque le soleil est le plus vertical possible avec un filtre polarisant. En safari, pour obtenir de bonnes images d'animaux un objectif de 300 mm est un minimum. Ne pas oublier ses jumelles ! Michel et Christine DENIS-HUOT travaillent avec des boîtiers CANON type EOS1N ou EOS1NRS et de très longues focales à grande ouverture (300 mm – 2,8 d'ouverture, 500 mm – 4,5 d'ouverture, 600 mm – 4 d'ouverture) souvent montées avec un multiplicateur 1,4. Ce genre d'objectif permet de bien faire ressortir les sujets sur les fonds. Ils utilisent les films inversibles Fujichrome Sensia 100 ISO.

Photogravure Prodima, Bilbao, Espagne
Achevé d'imprimer en Italie
sur les presses de Grafedit à Bergamo
Dépôt légal 6831-mars 1998
ISBN 2.84277.080.3
34/1242/6-01